「人生意気に感ず」

50年来の親交がある政治家・中曽根康弘氏による書

人生意気に感ず！

～人と人との出会いが人生を築く～

松久グループ代表
神谷 一雄

もくじ

第3章 新事業へ続々と挑戦

第4章　東京商工会議所と共に

第5章 三公社民営化で指導力を発揮した中曽根首相

第6章　流通再編の舞台裏

第7章　若い経営者たちへのメッセージ

はじめに

２０１５年（平成27年）は、戦後70周年の節目の年である。同時に、19歳で上京し、独立して商売を始めてから65年である。また、84歳のひつじ年で年男でもある。ひとつの節目の年になるのだな、と考えていたら、『財界』の村田主幹より、「神谷さんほど長く経営の第一線で頑張り、政治家や経済人と交流してきた人は今の経済界にはいない。貴重な経験を後世に残すためにも、本にまとめませんか」とのご提案をいただいた。

私は、誰もが名を知る大企業を育てた経営者でもないし、多くの失敗もしてきた。そんな私が本を書くのはおこがましいのでは、と最初は気後れした。

しかし、村田主幹と話をしているうちに、良縁も悪縁も含め、本当に多くの人と縁を結ばせていただき、本当に数多くの得難い経験を重ねてきたことを改めて実感した。

戦後70年、戦後の復興期から高度成長、バブル経済、そしてバブル崩壊と失われた20年といわれる長期不況、この期間、政財界の第一線の動きをずっと見続け、多くの経験を積んできたのは、なるほど私くらいしかいないかもしれない。

繊維で商売を始めた私であるが、構造不況の荒波に見舞われ、繊維事業からの撤退を余儀なくされた。構造不況に陥っても会社と従業員を守れるよう「異業種多角経営」を目指し、気付けば19業種の事業に挑戦してきた。

36歳の時、東京商工会議所議員に初当選した。以後、48年間議員・役員を務め、当初は明治の気骨を持つ経営者や日本の高度成長をけん引してきた経営者、そして立志伝中の人となった経営者など、約半世紀の間に多くの経営者たちと交流してきた。

業種は違えども志を同じくする起業家と勉強会を立ち上げ、切磋琢磨してきた。こうした縁がもとで、企業再生やM&Aのお手伝いもした。

「政治と経済は表裏一体である。良い政治が行われなければ、経済成長もない」との信念から、総理の座に登りつめた政治家から野党の政治家まで、実に数多くの政治家を支援し、交流してきた。

実践躬行《じっせんきゅうこう》を信条とし、進んで汗をかいて行動する性格上、多くの団体の世話役も引き受けてきた。

それぞれの活動が、また新たな出会いを生み、人の輪を広げてくれた。会社の経営にとどまらず、様々なことを経験してきた。私が出会った人々、経験したことの全てが、貴重な財産となっている。私の経験は、長さ、幅の広さ、質ともに、特別なものだろう。その経験が、少しでも誰かの糧となるのであれば、こんなに嬉しいことはない。

また、私は幸いすこぶる健康である。同年代の経営者が、徐々に鬼籍入りする中、私が健康でいられるのは、天が何かしらの使命を与えているのかもしれない。

そのような思いで、本にすることを引き受けさせていただいた次第である。

私の経験をいくつかのパートに分けさせていただいた。第1章から第3章までは、幼少期から九死に一生を得た戦争体験、そして戦後の混乱の中で、必死に商売を覚え、19歳で上京・独立、22歳で会社を立ち上げるまでの経緯を記した。

第4章では、東京商工会議所での奮闘記、続く第5章では政治家との交流記である。第6章は、私が関わった企業再編の舞台裏を記させていただいた。最後の第7章では、私が世話してきた様々な団体、そこでの様々な人との交流、そして若い人たちへのメッセージを記させてもらった。
数多くの失敗もしてきたが、常に挑戦する勇気は持ち続け、ピンチの際にもへこたれることはなかった。また、いずれの章でも、人との出会いが私の人生の鍵となっていることを改めて認識した。人は誰でも、一生の間に数多くの人と出会うものだと思う。その出会いをいかにして価値のあるものにしていくか、それが大切である。拙著を通じて、少しでもそれを得るヒントにしていただければ、幸甚である。

神谷　一雄

第1章

日本の中央部・岐阜に生まれて

神谷一雄の祖父

商売の原点を教えてくれた祖父

「商売は手と足で覚えるんだ。頭で覚えたことはカラ回りする」――。

日本の中心・岐阜。戦後、軍服や古着を売る繊維問屋街が軒を連ね、布を仕入れて服を作って売るアパレル産業が盛んになった地域。1931年（昭和6年）、わたしはこの岐阜市内から10キロ離れた草深い郊外で生を享《う》けた。父は農家で、祖父が古物商、雑貨商を営み、母は農業と古物商、雑貨商を手伝うといった半農半商の家。5歳のときには母が死去し、幼少期は祖父に育てられた。その祖父から言われていた言葉が冒頭の言葉である。

わたしは戦後間もない１９５１年（昭和26年）に創業し、１９５３年（昭和28年）、22歳のときには「松久株式会社」を会社組織にした。松久グループは、繊維雑貨問屋からスタートして、電子機器をはじめ、機械、不動産などを中心に多くの関連会社を抱える企業群に成長した。「口先だけでは人は信用しない。手と足をこまめに使えば人の信頼は自然に湧いてくる」。祖父のこの言葉がわたしの事業の原点となった。祖父の商売に対する姿勢は起業家としての人生を歩むわたしの信条になった。

祖父との生活は今でも鮮明に頭に残っている。目を閉じると、終戦の少し前、祖父が亡くなるまで、わたしは毎日、学校であった出来事や教えてもらったこと、また、夜、火鉢を囲みながら一生懸命、祖父に伝えていたことが懐かしく思い出される。特に学校の先生の１人が時事問題に関心があり、授業中にもそうした話をよくする人で、いつもわたしは非常に興味深く聞いていた。

「そうか、そうか」――。わたしたちが必死に戦時下を生きているとき、日本では、そして世界ではどのような出来事が起こっているのか。学校の先生が授業で話してくれた情報を頭に浸み込ませたわたしは、祖父に対して得意気《とくいげ》に話すと、祖父は笑顔で

神谷一雄と両親

頷《うなず》きながら聞いてくれた。祖父は学歴はなかったものの、何にでも関心を示す人で、わたしから時事問題を聞いて、とても喜んでいた。政治や経済などにわたし自身が興味を持つ直接のきっかけは、祖父が与えてくれたのかもしれない。

わたしの家は決して裕福ではなかった。男3人兄弟の次男として生まれたわたしは、祖父から「働く」ことの意義を教えられた。わたしが初めて「仕事」をしたのは尋常小学校6年生のとき。15歳にも満たない子どもが朝夕に新聞配達をするようになった。特段、家計を助けるためではなかった。それでもわたしが働くようになったのも、自分の小遣いは自分で稼ぎなさい、という祖父の教えがあったからだ。

　したがって、新聞配達でもらう報酬は全て自分の小遣いになった。小遣いも親からもらうのではなく、自分の労働で得るものだということを祖父は諭したかったのだと思う。毎朝4時に起床し、自転車で岐阜の街までいくという往復20キロの道のりだ。片道10キロといえば、東京・日本橋から板橋宿（現板橋本町）に当たる。毎日、この距離を自転車で走って新聞を取りに行き、帰ってわたしの家の地区に配達した。午後になると、同じように夕刊を配る。その意味では、日本一多忙な小学生だったかもしれない。

高等小学校卒業後には技能者養成所へ

　内陸の岐阜の冬は厳しい。1月、2月となれば肌を刺すような季節風・伊吹おろしが吹きすさぶ。厳しい寒風が吹く冬の朝は、手袋をはめてハンドルを握る手が凍りつく。その感覚は今でも覚えている。防寒頭巾をかぶっていても耳がちぎれるような痛みを感じる。わたしが新聞を配達している間、まだ同級生は温かい布団をかぶっている。そういう中で、わたしが新聞配達を続けられたのは、配達先のご主人からの心の籠《こも》った感謝の言葉をもらえたからだ。

「ご苦労さん、今日は何か変わったニュースは出ていないか？」

「今日は、こんなニュースがありますよ」

朝早く配達する地区のご主人との会話。こんな些細なことでも声をかけられることがわたしの励みになった。そのため、わたしは配達前にいつも新聞の一面は必ず目を通すようにしていた。少なくとも、見出しだけは頭に入れておいたのだ。ただ苦々しい思い出もある。それは放し飼いの犬がいるお宅への配達。今は様々な家庭で犬を飼っているが、大半が室内犬でチワワやポメラニアンといった犬が主流。秋田犬やシェパードといった元気のいい犬が室外で飼われていた。一目でわたしより体躯《たいく》の大きい犬がいるお宅への配達は、どうしても苦手だった。

「まずはとにかく犬をなだめなくてはならない」。それが犬を放し飼いにしているお宅でのわたしの最初の仕事。そのためにはいろいろと思案して切り抜けた。それでも時として、犬に振り回され、どうしても配達することができなかったこともある。そ

尋常高等小学校時代の筆者

ういうときは、お客様からは「今日は新聞が来ていないが」と苦情が本部に入り、わたしが怒られたこともしばしばあった。

新聞配達のほかにも、祖父の手伝いをしていた。雑貨商の祖父が仕入れに行くときだ。月に何回か、仕入れに出掛ける祖父の荷車の後押しを手伝っていたのである。これまた往復20キロの道。岐阜の街まで空の荷車を押していくときはまだいいのだが、品物を積み、荷を満載にした荷車を押しての帰路は大変な重労働。その日の夜は足が棒のようになった。普通なら音を上げるところかもわからないが、わたしは辛いとは少しも思わなかった。

身体は悲鳴を上げたような痛みを発しているのだが、気持ちの上で「この生活が嫌だ」「逃げ出したい」といった後ろ向きな気持ちにはならなかったのである。それはなぜなのか。今でもよく分からないのだが、生来、わたしは陽気で楽天的な性格であることが、その一因かもしれない。事実、こういった生活が当たり前なのだと思っていたのだ。

前述した通り、わたしの家は決して裕福な家庭ではなかったから、1944年（昭和19年）に高等小学校を卒業すると、技能者養成所に入った。わたしが入ったのは「川崎航空機技能者養成所」だ。戦争も激化する中、他には選択肢はなかった。

地獄絵図だった空襲を生き延びる

川崎航空機技能者養成所は航空支廠で働く技能者を養成するために建設されていた。飛行機生産を拡充したい陸軍の依頼を受けた川崎造船所（現川崎重工業）が航空機部門を独立させ、川崎航空機工業を設立し、岐阜・三柿野《みかきの》に飛行機工場を発足。１９２２年（大正11年）、川崎造船は「サルムソン２Ａ２偵察機」の試作機を完成させていた。その偵察機に乗り込む航空部隊の修理、補給支援を担当していたのが、「陸軍航空本部補給部各務原支部」。その支部が修理需要増に伴い人員を増強し、「各務原陸軍航空支廠」に改称されたのだが、わたしが入った養成所はその側にあった。

川崎航空機ではもちろん飛行機を製造していたのだが、附属の技能者養成所はたしか見習士を養成していた。したがって、米軍にとって格好の爆撃の標的になっていた。わたしも養成所で訓練を受けている最中に、Ｂ29の直撃を受けた。そして目の前で多くの死傷者を見てきた。Ｂ29はものすごい勢いで飛来し、そのスピードは筆舌に尽くし難いものがあった。

１９４５年（昭和20年）春のある日のこと。各務原の地から空を見上げると、夥《おびただ》しい数の飛行機が岐阜の空を覆い尽くしていた。遠くを見ると、真っ赤な塊のようなものがたくさんこっちの方向に向かって来る。じっと目を凝らすと、それがモノではないことに気が付いた。

「火に焼かれた人だ！」

まるで地獄絵図のような光景を前に、一瞬、我を失いかけたが、瞬く間に〝パン、パン、パン〟という爆弾の音が耳に入った。ハッと我にかえると、自分が爆撃されていることに気付き、すぐさま近くの竹林に逃げ込んだ。本能的な咄嗟の動きだったのかもしれない。竹林の中には溝があり、わたしは溝の中に身体をおさめて横になり、身を隠した。〝ドーン…。ドーン、ドーン！ ドシャッ〟。地響きと共に、凄まじい爆音が轟く。爆弾が破裂し、辺り一面に泥が飛び散る。竹林で身を横にして潜んでいても、鼻や口には泥がこびりついていた。

しばらくの間、溝の中でジッとしていると、辺りが静寂に包まれた。「もう終わったのかな」。飛行機が飛び交う音も聞こえない。恐る恐る溝から起き上がったわたしの目前に広がったのは、周辺の光景の一変。辺り一面見渡す限り、荒野となっていた。それまで、ところせましと茂っていた竹も木々も全て爆風で吹き飛ばされてしまっていた。

養成所で働いていた友人たちも、わたしと同じように溝に隠れた人は助かったが、それ以外の人たちは爆撃に遭い、その姿は二度と見ることはできなかった。「死」というものは常に隣り合わせにあるということをそのとき痛感させられた。戦争を経験した世代として、生きていることがどんなに素晴らしいことかをその後、ことあるごとに感じたし、戦争はわたしに「生きる」ことの意味を教えてくれた。

そしてこのときの出来事が原体験となり、わたしには戦争のない平和の尊さが身に染みわたるようになった。そして、現在も平和のありがたさを強く自覚させられている。

焼け野原の中で雑貨商　～松久太四郎氏との出会い～

「朕は時運の赴く所堪え難きを堪え、忍び難きを忍び……」。１９４５年（昭和20年）8月14日、天皇陛下が無条件降伏を内容とするポツダム宣言受諾の聖断を下された。翌日の15日正午、連合国にその旨を通達し、天皇陛下は国民に向けてラジオ放送を通じ、終戦の詔勅を発せられた。８月６日の広島原爆投下に続き、９日には長崎にも原爆が投下された。そして、同じ９日はソ連が突如、満洲（現中国東北部）に侵攻するなど、直前には大変なことが起きていた。そして終戦。焼け野原の中で世情は混沌とし、わたしの通っていた養成所も廃校となっていた。

わたしにとっての戦後がスタートした。わたしに商売を教えてくれた祖父も1944年（昭和19年）に亡くなり、神谷家の家業も立ち行かなくなっていた。わたし自身、今後の身の振り方を考え直す局面を迎えていた。学業か、就職か。あるいは、両立する道はないか。思いにふける日々が続く中、岐阜県立岐阜高等学校通信部に入学の手続きをする一方、従兄《いとこ》の仕事を手伝うことにした。終戦後、わたしの従兄は化粧品や小間物《こまもの》を扱う問屋を始めていた。従兄の会社は愛知県の一宮市に本店があり、従兄は岐阜の営業所長をしていた。

従兄の雑貨商店は間もなく閉鎖。残念なことになったが、従兄の会社で仕事をさせてもらったことはその後、大いに役立った。外商をしているうちに、様々な会社や経営者の方々と面識を持つことができたからだ。そしてわたしは、その後のわたしの人生を大きく変える人物と出会う機会を得た。それが岐阜松久《まつきゅう》株式会社（当時は松久商店）の社長・松久太四郎《まつひさたしろう》さんである。

岐阜松久は岐阜市に本拠を置く繊維商社。1950年（昭和25年）に設立された同社は、繊維雑貨をはじめ、アパレルメーカー向けの生地など、繊維製品の販売を主力に事業を展開していた。その後、衣料品の製造・卸販売にも進出し、東京・大阪・名古屋にも拠点を開設するなど次々と事業を拡大していった。

わたしは太四郎さんに目にかけてもらい、岐阜松久でも一人前に扱ってもらった。もともと従兄の会社で雑貨の仕事の経験があったので、ある程度、仕事の要領を得ていた。太四郎さんは小柄な人だったが、信頼する人物には仕事の一切を任せてくれる懐《ふところ》の大きい人であった。

わたしが岐阜松久の前身、個人商店の松久商店に入社した時の年齢は16歳で、まだまだ若い。そんな世間知らずのわたしに「とにかく自分でやれ」と、太四郎さんは仕事に関する権限を全て与えてくれた。しかも、一切指示も出さない。太四郎さんは徹底的に「人」を信じる経営をする人だった。

そのことは、わたしを奮い立たせる一要素にもなったし、何よりも信頼されていることに喜びを感じたものである。

だから、わたしも仕事に一生懸命打ち込み、太四郎さんの期待に応えるよう、がむしゃらに仕事をした。完璧に仕事を覚えるように、通っていた学校も中退することにした。二足の草鞋《わらじ》を履けるほど、世の中は簡単ではなかったからである。

実際、仕事の世界は厳しかった。仕入れのために大阪に出向き、大阪で仕入れた商品を今度は名古屋や東京、あるいは松本などの衣料などの問屋をはじめ大小の小売店に売り込みに行く。関東、東海、信越、北陸、関西を飛び回る日々が続いた。移動はもっぱら夜行列車である。

岐阜駅のホームで列車を待っていると、大阪方面からやってきた乗客たちで車内はすし詰め状態だった。乗り込んだ車内も人で溢れんばかり。通路も雑魚寝《ざこね》の人たちで占《し》められ、車内での移動もままならない。わたしは手に持ってきたリュックを枕代わりにして寝ていた。

岐阜から関東と関西を夜行列車で往来

当時の列車はとにかく窮屈。今のような広い窓に、明るい照明が効くというものとはほど遠く、空調もなかった。列車は蒸気機関車だったから、寝ていると機関車が吐き出す煙がモクモクと車内に入り込み、煤《すす》で顔も黒ずんだものだ。

そうやって、わたしは商売を覚えていった。繊維関係の商品を取り扱う世界に入っていったわけだが、その商品の原料になる糸の仕入れ先は大阪であった。大阪は縫い糸をはじめとした糸の生産地であった。その頃、軍需品の放出で糸の原料は確保できており、糸そのものを売る商売も盛んだった。

大阪は近代紡績工業発祥の地。「近代日本資本主義の父」と呼ばれる渋沢栄一（国立第一銀行頭取）が巨額な綿糸《めんし》の輸入額に驚き、藤田財閥創始者の藤田伝三郎や第百三十国立銀行創設者の松本重太郎らに出資を求めて民間の紡績会社として「大阪紡績（現東洋紡）」を創業した話は有名だが、大阪紡績があった大正区《たいしょうく》はもちろん、近隣の堺や貝塚など泉南地区にも紡績会社があちこち設立されていた。大阪は綿紡績の一大拠点であった。

ミシン糸は京都で手に入れることができた。糸がグルグル巻きにされて売られていたが、中には表面だけが糸で中身は空になっているという品もあった。買う時にそれを確認しなかったわたしの不注意もあったが、当時の京都の方々を相手にしての商売の難しさを肌で感じる経験ともなった。戦後すぐの混乱した時代に、商売の厳しさを叩き込まれたものである。そういう経験もあったものだから、京都で成功した起業家の話を聞く度に、この人はすごいなと思う。

その点、大阪の人々は一度、彼らの懐に入り込めば信頼してもらえるし、非常に商売のしやすい場所だった。まだまだ若かったわたしに対しても、どんどん商品を買っているので彼らも大変喜んでくれていた。最初は「私は岐阜の松久から来ました」と言っても、社名が知られていなかったので現金での取引から始まった。半年ほどが経つと、全部ツケで買えるようになったときは本当に嬉しかった。

そうなると、信用で商売ができるようになる。だから、大阪に行くときはお金を持っていく必要がなかった。何より嬉しかったのは、こういった商売ができるようになったわたしの姿を太四郎さんが見てくれていたことだ。あるとき、「全部君の信用で売ってくれているな」と言ってくれた太四郎さんの言葉が胸に響いた。

わたしが信用で取引していることを評価してもらい、わたしも一歩前に前進したなと自信がつき始めていた。太四郎さんは仕入れには一切行くことはなかった。わたしが1人で仕入れを担当していたから、仕事を任せられていることが実感でき、本当に嬉しくなった。

大阪や京都で原材料を仕入れて、岐阜で繊維商材に仕立て上げると、今度はそれを東京に売りに出かけた。岐阜を午後11時に出発すると、東京に到着するのは翌日の午前8時。およそ8時間の道のりを煙と共にする。東京に着くと、トイレで顔を洗い、馬喰町や横山町、人形町といった繊維雑貨の問屋街を歩き回るのだ。

新規取引先の開拓に50回の訪問

大阪で仕入れた繊維雑貨商材を大消費地である東京に売り込もうという計画。戦後の焼け野原から出発して5年、日本が再建に向かって歩き出したとはいえ、生産は不十分で、まだまだモノが足りない。製品が出回っても粗製乱造の品物が多かった。質のいい商品、あまり見かけない珍しい品々は飛ぶように売れた。

問屋街の馬喰町は、その頃、まだバラックづくりの商店が軒を連ねていた。アパレル、服飾雑貨、インテリア、生活雑貨を取り扱う総合卸商社「エトワール海渡」も、その頃はバラックだったし、戦後間もない頃の馬喰町界隈の光景が今でも浮かんでくる。わたしが仕入れた商材の入ったリュックを見ては、当時のエトワール海渡の社長は「何があるの？」と興味津々な様子で覗き込んでくる。そして、気に入ったものがあれば、すぐ買ってくれた覚えがある。中にはなかなか買ってくれないお店もあった。商いの品々がまだ少なく、苦労も多かったが、人間味溢れる問屋街だった。

大きい問屋が並んでいたが、何度訪ねても買ってくれない店があった。相手の担当者ではラチがあかないと思い、トップに会おうと考えて行動を起こした。というのも、だいたい問屋の仕入れというのは、そこの社長が取り仕切っており、そこの番頭さんや社員は歯車の一つにしか過ぎなかったからだ。

もちろん、どこの社長も簡単には会ってくれない。それでもわたしは諦めなかった。丸坊主姿でリュックを背負い、手にはトランクを下げ、見本を持って何度も交渉に出向いた。幾度も跳ね返されながらも、仕事に面白さを感じていたわたしは「ここで逃げては男がすたる」という想いがあった。

根気よく訪問を続けて何十回か経ったときだったろうか、「おい、上がれ！」という声をもらった。今日も空振りかと思って、その問屋を立ち去ろうとしたときだった。突然出てきた男性がこう言ったのだ。

「何度も断ってきたが、君は粘り強いな。上に上がれよ」と、事務所の中に入れてくれた。

続けてこんなことを言ってくれた。

「君はうちの会社の社員の模範になる」

その後、おもむろに「食事をしたか」と尋ねられ、「いいえ」と答えると、その男性は「食事をしていきなさい」と言う。久し振りにお腹を満たすと、その男性はこう続けた。「今日、君が持ってきた商材は、全部うちが引き取る」と。男性はその店の社長だった。

社長の口から出た言葉を聞いて、「やはり人間は粘りが重要なのだ。自分が頑張っていれば相手は見てくれているんだ」という思いを強くした。亡くなった祖父の言葉を知らず知らずのうちに実践していたからこそ得られることができた成果だった。

商売の基本は、今でも同じことが言えると思う。一度や二度、取引先に断られても、それに挫《くじ》けずに何度も挑戦する。すると、相手は断りながら、「何度断ってもそれに挫けず、訪ねてくるような人間はたいしたものだ」と受け止めてくれる。むしろ、自分の会社の社員の模範にしたいとまで考えてもらえる。商売は人と人との相対《あいたい》によって紡がれるものなのだと、そのとき痛感し、深く心に刻んだものである。

商売の楽しさを知ると同時に、わたしの胸には「将来はきっとビルの一つを持てるような会社をつくるぞ」という闘志のようなものが燃え始めていた。そして、東京出張の折には必ず日比谷の角の交番前から丸の内のビル街を眺めることで、自らを奮い立たせていた。

終戦から間もない1949年（昭和24年）の頃、無我夢中で仕事をしていたわたしだが、仕事は順調に運んでいた。繊維の町・大阪で商材を仕入れ、東京、そして静岡や宇都宮などに出向いては、現地の問屋に繊維雑貨商材を売り込み、ほどほどの成功を収めていた。そんな中、東京で売り込みをしている最中、同業の人と知り合いになった。相手は奈良出身の人で、繊維雑貨問屋の多い馬喰町にお店を持っていた。その彼がこう言った。

「自分は店を辞めて田舎に帰るつもりなんだ。君、この店を買わないか」

突然の申し出に驚いたが、わたしも「独立したい」という夢を持っており、東京にビルを持ちたいという野心もあった。

「ぜひ、わたしに買い取らせてください」

その店を購入し、わたしの東京での営業拠点とした。3年間、岐阜松久で働いたわたしにとって、小さな店でありながらも自分の店を持つことができたことに感慨深いものがあった。

岐阜松久株式会社への就職、そして独立

わたしはもともと、「神谷商店」と名付けて独立の道を進もうとも思っていたのだが、時を同じくして社長の松久太四郎さんから東京に「松久株式会社東京出張所」という看板でやってみないかという誘いを受けていた。わたしの売り込み攻勢の成果だろうか、「岐阜の松久」という社名も東京で徐々に認知され、馬喰町や横山町、人形町の問屋街では知らない人はいないぐらいまでになった。わたしのことを信用してくれ、自分の信用を使ってもいいという判断だった。

太四郎さんから信頼を受けたことはありがたかった。戦後間もない時期に太四郎さんに巡り合い、松久で３年間、社員として働かせていただいた。太四郎さんは非常に太っ腹な人であった。わたしがまだ20歳にもならないのに仕事の全てを任せてくれた

のだ。最近の人は、人にもよるが、全てを任されると、それをよいことにして怠ける人もいる。わたしの経験では、全てを任されることが自分の向上にもつながり、社長の信頼を一層得ることにもつながったように思う。

東京に松久株式会社東京出張所という看板をお借りして、実質的には独立させていただくことになった。この時、わたしの頭には、ただ会社の看板をもらい受けてよかった、という安心感だけがあったわけではない。独立するわけだから、松久の信用をお借りして商売を始めることになる。自然とお金をもらえるわけでもない。むしろ、何もないゼロから自分の手で始めるという覚悟もした。わたしの独立は岐阜松久と縁がなくなることを意味するものでもあったのだ。

当時、岐阜にいた父からは「お前はお前で独立するならそうすればいい。自分でお金の勘定をして自分の力でやれ」というエールをもらった。しかし、花の東京だから様々な誘惑もあった。ただ、松久株式会社出張所という名前を使わせてもらっている以上は、松久の出張所。出張所で起きたことは岐阜の松久の社長が責任をとらないといけない。それでも太四郎さんは「君の思うようにやりなさい」と言ってくれた。自分の信用をわたしに与えてくれていたのだ。

「何をしようにも、問題が起きれば自分の責任で処理をする」

わたしは腹を括っていた。太四郎さんも言葉では言わなかったが、同じ気持ちを持っていたような気がする。その人の会社の名前を貸してもらうということは、それだけ人に対して誠実でなければならないのだ。こういう経緯もあって、わたしの商売の基本は祖父と太四郎さんから教え込まれたと言えるだろう。

太四郎さんは入社した頃から本当にわたしのことを育ててくれた。わたしが入社した頃の岐阜松久の社員は十名足らず。わたしは一番若い社員だった。しかし、若いということを言い訳にせず、とにかく働いた。その原動力は太四郎さんから信頼を受けているという思いだった。他の社員と比較しても飛び抜けた成績を叩き出し、自分で仕入れて自分で売ることに全神経を注いでいけた。だから会社の業績も順調に伸びており、わたしも満足していた。

「うちで働いてくれるか？」

わたしは自宅から30分かけて会社まで通っていたのだが、それでは朝早く起き、夜遅くまで働くことはできない。「自宅から会社に通うのは時間がもったいないのですが……」と太四郎さんに悩みを相談したところ、「わたしの家で寝泊まりしてやってくれ」と言ってくれた。

その頃の仕事は、夜、大阪などに仕入れに行って、翌日の夕方に帰ってくるような生活だった。それでも夜11時頃になってできる仕事もあった。せっかく商売の糸口があるのにもったいない。しかも、夜中まで対応できるお店と分かれば、お客様にとっても使い勝手がいいし、便利が良いはずだ。だから、夜中にも仕入れに来るお客様が大勢できて、成果を出すこともできたのだ。

それから東京へ出張するときは早朝4時頃に起きて食事をし、朝6時の汽車に飛び乗るというのが日課だった。すると、太四郎さんの奥さんがわたしのために一生懸命、食事を作ってくれた。夜遅くまで働けて朝早くから仕事ができる。こんなに効率が良く、満足のできることはない。

一般の社員が帰宅しても、わたしは帰る必要がないから、まさに「職住近接」とはこのこと。こうした生活を送れたのも、太四郎さんの信頼が元にあったと思う。

今振り返ると、物心ついたときから、わたしは欲や自分の得になるようなことを考えず、ただ一生懸命に仕事をしたいと思っていた。そもそもわたしは松久で入社試験を受けたわけではなかった。わたしが従兄の雑貨商店で営業の手伝いをしていたときに太四郎さんと知り合ったのがきっかけである。

歳の差は10歳程度だったと思うが、太四郎さんは社長としての貫録もあり、品格も漂っていた。だから、外見上はわたしよりも20歳ほども年上のように見えた。

その太四郎さんは16歳のわたしがせっせと売り込んでいる姿を見てくれていた。そして、太四郎さんから「うちで働いてみないか？」という誘いを受けた。そのときはわたしにとっては青天の霹靂だった。太四郎さんは50代半ばで亡くなったが、わたしの商いの人生の中でも最も粋《いき》な人だった。

第2章

19歳で上京・独立

初めて経験した競売

前年に上京し1951年（昭和26年）に実質的に独立したわたしは、その後も順調に業績を伸ばしていた。そこで2年後の1953年（昭和28年）には、松久太四郎さんから「松久株式会社出張所の事業所名から出張所を取ってもいい」という話をいただいた。そうして、東京で正式に「松久」の名前で会社登録を行い、仕事を進めることにした。

わたしは「松久という名を天下に売るんだ。それが松久への恩返しになる」と奮い立った。松久を凄い会社にしてやろうという挑戦者魂がフツフツと沸いてきた。社名には「神谷」という名前は使わず、「松久株式会社」としたのも太四郎さんに対する恩義があった。そして資本金300万円の会社としてスタートした。

1953年（昭和28年）と言えば、時の吉田茂首相の「バカヤロー解散」の年に当たるが、その年の大卒初任給は公務員で月額7650円、かけそばが20円、銭湯が15

円という物価水準。現在は初任給が21万円前後だから、当時の資本金３００万円は今のお金では1億円弱という価値になろうか。

隣に入居していた店舗が売り出されていたので、それを購入して本社にした。仕事は順調に伸び、会社設立から2年ほどで従業員も10人程度の会社となった。取り扱った商材はやはり繊維雑貨が中心。戦後すぐは繊維雑貨商品は飛ぶように売れ、利益率は高く、やりがいのある仕事だった。

当時はわたしも24歳。若く体力には自信があった。縫い糸や綿糸などの製品を生産地・大阪で仕入れてくるのだが、それは夜行列車を利用し、東京と大阪をとんぼ返りした。当時の国鉄（現ＪＲ）は東海道線に客車と貨物車を連結して人と物資を運んでいた。わたしは大阪で仕入れた綿糸などの商材を貨物車に載せ、貨物車に連結された客車に乗って商材と共に行ったり来たりしたものである。商材を別便で運ぶのと違って、輸送費がその分、節約できた。

大阪で綿糸を仕入れる際、それなりに値が張り、手持ちの現金では間に合わないことがしばしばあった。しかし、わたしは取引を通じて相手から信頼されるようになっていたこともあって、「今は手持ちがないので明日払います」と言えば、相手も快く売ってくれた。

　商材を仕入れたわたしは、その日のうちに東京に着き、あっという間に売り歩く。そこで得た手金《てがね》を持って翌日に大阪へとんぼ返り。買った翌日にはお金が払われるのだから、大阪の業者から見れば「東京に帰れば、神谷は金があるんだな」と思われていたようだ。そのように精一杯工夫していったのだが、まだまだ物資の足りない時代だったから、わたしたちの商品は飛ぶように売れた。努力すれば、その努力が報われるというので、みんな前向きだった。

　1955年（昭和30年）あたりだったと記憶しているが、糸の競《せ》りが始まった。東京に糸を取り扱う問屋の組合が結成され、熱海や箱根を競りの場所として競売が行われるようになったのだ。わたしはまだ若かったのだが、それまで手堅く取引をしてきた信用があったので、周りからも推薦してもらい、競りに参加できるようになった。人に約束したことは必ず実行すれば、周囲から評価してもらえるということをこのとき強く感じたものである。

　東京の日本橋馬喰町や横山町近辺で行われる競売に参加したわたしは、幾つかの商品を出品し続けた。時には競《せ》り人《びと》になって場を仕切ることもあった。周りは年配の方々ばかりだったが、自分の商品が出品されるときは、できるだけ時間をかけて高値になるまで取引が成立するのを辛抱よく待ち続けた。そのときのわたしは20代には見えなかったのではないだろうか。太四郎さんが若さの割には貫録があったように、当時のわたしも貫録のある人間になりたいという思いで商売の道に励んでいた。

「もういっちょう、もういっちょう！」

「これ、もう一声、もう一声！」

生まれつき大きい声を生かして自分の商品の値が上がるように、買い手の心をくすぐるような掛け合いに力を込めた。すると、中には乗ってくる人もいるし、その商品を何としてでも手に入れたいと思ってくれる人が出てくるのだ。

「はい。これで終わり。こちらの商品は16万円！」

こんな調子でとんとん拍子に競りが進み、一晩で100万円を稼いだこともあった。今の金額にすれば総額数千万円ほど稼いだこともある。あるいは、複数の買い手が出てきた場合は、利益を共有しようという考えで競りに臨んだ。このときの出来事は本当に記憶に残っている。仕事は順調に進み、会社の規模も次第に大きくなっていった。

昭和31年、東日本橋に完成した松久の本社ビル

未知なるアメリカへの進出と三井物産子会社との合併

会社の成長に伴い、人材の採用にも力を入れるようになった。設立して間もなく、大学新卒の募集を始めたのだが、入社志願者はみんなわたしと同年代。就職難だったことも相まって、たくさんの大学生が応募してきた。最初の年は3～4人の採用を決め、その後は毎年、大学新卒を採るようになった。

思えば、身一つで東京に来た頃とは身の回りの状況が少しずつ変わって来ていた。終戦直後、ひと稼ぎしようと、東京に来ていた頃、皇居御堀端の日比谷から丸の内・大手町方向を眺めて、そびえ立つオフィスビルを、憧れを持って眺めていた。「いつしか自分もビルを建てるんだ」という思いだった。そのような時、馬喰町の店舗が火災で焼失した。わたしにとっては、実質独立を果たした思い出深い店舗であったので、茫然自失となった。しかし、ピンチはチャンスでもあると考えた。当時住み込みの社員が10名ほどいたが、全員わたしの自宅に住まわせた。そして、１９５３年（昭和28年）に、共同で馬喰町ビルを建設した。その３年後の１９５６年（昭和31年）、憧れていたビルを単独で自らの手で建てることができた。場所は東日本橋。日本橋馬喰町から東日本橋に拠点を移すことになった。火事による焼失、共同ビルの建設、そして単独でビルを建てることができた。このビルの竣工は本当に感慨深かった。

その頃、わたしが見据えていたのがアメリカだった。

商売も軌道に乗り、毎年の利益も安定的に出るようになったので、アメリカへの進出を考えるようになった。巨大市場・アメリカでも仕事をしたいと思うようになったのだ。そんなとき、大手商社を辞めた男性と出会った。日本を代表する三井物産と三菱商事は戦後すぐＧＨＱ（連合国最高司令部）による解散命令を受けた。そうしてバ

新社屋完成で社員一堂が記念撮影

ラバラに戦後スタートした商社が大合同を遂げ、１９５４年（昭和29年）に新生・三菱商事、そして新生・三井物産が１９５９年（昭和34年）に発足した。

そういうときにわたしは旧・三井物産の出身の男性と知り合った。戦後の三井物産でアメリカ貿易を担当していた人だった。いくら日本の繊維業で一旗揚げたわたしでもアメリカは未知の世界。アメリカで商売をする知識やノウハウ、ネットワークもない。だから、わたしは彼に「君と一緒に仕事をやりたい。手伝ってもらえないか」と誘った。彼は快く引き受けてくれ、わたしは早速、貿易会社をつくって社長に就任。そして大学新卒の社員を5人ほど採用した。

結論から言えば、このアメリカでの事業は大成功を収めた。とにかくアメリカで日本の軽工業品は人気が高く、飛ぶように売れていた。ハンドバッグや入れ物をはじめとしたビニール製品を日本で作ってアメリカに輸出した。そもそもアメリカの製品を参考にして商品づくりを進めたのだが、やはりそこは日本のものづくりの強さ。敗戦国ながらアメリカで製造された製品に引けを取らないほど質の高い製品を作ることができた。しかも、昭和30年初頭だったので、日本人の人件費も大変安かった。そのため安価に製造ができ、競争力ある商品としてアメリカで売ることができたのだ。

嬉しいことに、その三井物産出身のパートナーは、これまた商売上手。アメリカに出張に行く度に、大量の注文を抱えて帰ってきた。注文書にサインをすることがわたしの役割だったのだが、何分英語が分からない。彼が持ってくる書類に意味も分からず、ただサインをするだけ。彼を信用するしかなかった。しかし、次第にわたしの中でも「これはどうしたものか。このまま自分がこんなことをしているだけでいいのだろうか」といった疑問も湧くようになった。

外交をする場合、やはり相手の言葉を理解しなければならない。言葉が分からなければ相手の気持ちを読み取ることも難しい。その点、彼は言葉を操《あやつ》れるし、商売もできる。わたしに書類を持って来ては「これにサインしてください」「こちらにもサインをお願いします」と持ってくる。わたしは横目で下手なサインをする。それでもよく分からないから「あとは君に任せる」となる。それでも仕事量は鰻登《うなぎのぼ》りに増えていった。

社長職にあるわたしだが、英語が分からず、仕事の大半はそのパートナーが仕切っていた。何となく晴れない気持ちのままでいたわたしは、ほどなく一つの決断を下した。それはこの好調に事が運んでいる貿易会社を売却するという決断であった。

そもそも貿易業務は商社領域に属する企業が担っていた。先述したように、戦後、旧・三井物産と三菱商事は解散させられ、関係者がそれぞれ小規模ながら商社を興して活躍し始めていた。そうした商社がまた世界を相手に大きな仕事をしていこうと、それぞれ手を握り合って会社を統合する動きが出始めていた。

わたしのパートナーもそうした統合への流れに関心を示していた。旧三井物産の社員が興した会社は200社以上。中にはわれわれのような貿易会社もあった。そこでわたしは、その子会社の一つに「日本トレーディング株式会社」という会社が存在していることを知るのだが、どうやらパートナーの彼もその会社の幹部に相談していたようだった。間もなく日本トレーディングを通じて三井物産グループに会社を売却しないかという誘いを受けたのだ。

貿易会社の行く末に思い悩んでいた頃だったので、わたしはその提案を受け入れた。わたしが貿易会社に配属した社員はみんな大学を卒業した優秀な人材。実はそのときわたしのパートナー以外に、もう1人、大変優秀な新入社員がいた。若いながらもわたしが一番信頼を置く人間だったのだが、入社数年で亡くなってしまった。わたしの構想では、この三井物産出身のパートナーと優秀な若手社員の２人に貿易会社を任せようと思っていたのだが、大変残念なことに、その若い社員は亡くなってしまった。これが貿易会社を売却するもう一つの理由になった。

わたしのアメリカでの事業はこういった経緯を経て一段落した。戦後の焼野原から20年も経たない昭和30年代のはじめに、日本国内に留まらず、商社を自ら作ってアメリカまで手を拡げようとした経営者はあまりいないと思う。言葉の壁にぶつかりながらも、優秀で活力のある人材や部下がいれば、そういった壁も乗り越えることができるということが実感でき、わたしにとっても良い経験になった。

繊維事業から電子部品事業へ

「松久株式会社」では国内で初めて開発・生産した「ディップスイッチ」や「スライドスイッチ」と呼ばれるスイッチを販売している。ディップスイッチとは電子機器の各種設定用のスイッチで、電子回路のプリント基板に直接実装をするものだ。こうした電子部品の取り扱いは四十有余年にわたっており、エレクトロニクス業界で培ってきた豊富な実績と経験から生み出された数々の固有技術は松久の大きな武器になっていた。現在、スイッチは半導体にとってかわられ、松久も縮小を余儀なくされている。電子部品の分野に参入したのは、ある銀行の支店長からある人物の紹介を受けたことがきっかけだった。

「わたしの親戚でトランジスタラジオのスイッチを開発している人間がいます。今はもう女房の帯から全部を質屋に入れて研究資金を捻出しているほどです。これを何とかものにしてやりたいのですが、一つ神谷さん、あなたがスポンサーになって応援してくれないでしょうか」

１９５７年（昭和32年）、わたしが新しい電子部品の会社を設立した年だが、ちょうどこの年に、松下電器産業（現パナソニック）の創業者・松下幸之助さんが「生産者の使命は、貴重なる生活物資を水道の水のごとく無尽蔵たらしめること」と説いた水道哲学が話題になっていた。時は高度経済成長に入る手前、松下電器産業、ソニーともにトランジスタラジオが全盛で会社の屋台骨を支えている時代であり、日本の家電メーカーが作った電気製品が家庭の中にどんどん入り込んでいこうとしていた。

その後、１９６０年代に入った高度成長期には、洗濯機、冷蔵庫、そして白黒テレビが「三種の神器」としてもてはやされることになるが、その三種の神器ブームが到来する予兆を感じさせる時代であった。

そういうときに、銀行の支店長から先述の申し出を受けたのである。こういった家電製品が世に普及するとわたしも確信しており、その申し出を引き受けた。繊維雑貨商材を扱ってきて商品の種類も飛躍的に増え、しかも商品の質も良くなっていることを実感していたわたしは、人々が豊かになれば家電は誰もが手に入れたいと思うはずだと考えたのだ。

松久のスイッチ部品

わたしは「スイッチはいけるだろう」と考え、スイッチを開発する会社をつくった。支店長から紹介された技術者を担当とし、社員も数人、松久から派遣した。これがまた大変うまくいった。松下電器のトランジスタラジオに、わたしどものスイッチが採用されたのである。それからソニーにもこの頃、当社のスイッチが使われることになった。その大きな利益を計上することができたわたしは工場の新設を計画。従業員が200人以上働く工場を建設するに至った。

それが縁となって創業者・松下幸之助さんにお会いする機会ができた。1960年代の前半くらいの年末だったであろうか。松下電器との取引が始まってから、1年に1回は松下電器の本社がある大阪府門真町に足を運んでいた。当時、松下電器の主力商品はラジオで、大ヒットしていた。そして、当社がそのラジオ用のスイッチを納めていたのだ。わたしたちは〝縁の下の力持ち〟として仕事をさせていただいたことになる。

大阪の松下電器の本社における当社の担当で、後に社長になる谷井昭雄部長さんと面談をしていたところ、わたしが「幸之助さんにご挨拶をさせていただきたい」と頼んだ。今のように名経営者として幸之助さんが日本中に名を馳せるほど有名になっていたわけではなかったが、取引先で非常に成長軌道を描いていた会社のトップに是非ともお会いしたいと考えていたのだ。その部長さんはわたしの申し出を快く引き受け、「仕入れ先の大事な方が来ています。時間を作れないですか?」と連絡を入れてくれた。そうやって「経営の神様」である幸之助さんに会うことができた。

「やはりこの人は商売人だ……」――。これがわたしの幸之助さんに対する印象だった。そのときはわたしが会うなり「いやあ、うちの商品は君のところのスイッチのお陰で非常に助かっている」という一言をくれたのだ。盆暮れになると幸之助さんは、わたしのところに立派なお品を贈ってくださるようになった。

仕入れ先を大事にするという幸之助さんの精神を感じる一幕だったと思う。聞くところによると、幸之助さんは人から贈られた品物より、4倍ほど高価な商品を贈るようにしていたと言う。綺麗な風呂敷に包まれて届けてくれるところなど、京都流の人を大事にする流儀でもてなしてくれていたのだと思う。

同様に、ソニー共同創業者の井深大《まさる》さんにもお会いした。井深さんはパートナーの盛田昭夫さんと1946年（昭和21年）、東京通信工業（現ソニー）を創立し、魅力ある商品を次々と世に送り出していた。

ソニーでもトランジスタラジオが主力商品となっており、膨大な数のスイッチが必要だったから、たとえわたしが若くても、仕入れ先の社長を務めているということで面会の時間を割いてくれたのだ。

当社のスイッチは松下電器とソニーのみならず、三洋電機（現パナソニック）など大半の企業が採用してくれていた。その頃の部品大手と言えば、「ミツミ電機」や「東光《とうこう》」、「アルプス電気（当時は片岡電気）」といった企業が名を連ねていたが、トランジスタラジオ用に特化した会社はわれわれだけだった。だから、当社の業績もどんどん伸ばすことができた。

「人に対して誠実であれ」という信念で上場

１９６０年代初めは終戦から15年ほどが経ち、日本の経済は成長軌道に乗り、国民の所得が増えていった。５年ほど前の１９５６年（昭和31年）７月には、経済企画庁（現内閣府）が『経済白書（副題日本経済の成長と近代化）』の中で、「もはや、戦後ではない」とたかだかに謳い、流行語にもなるほど世の中は経済的に活況を呈していた。戦後、焼け野原からスタートした誰もが、戦後からの日本の復興が終わりを告げ、明日の日本はもっと良くなると自信を持ち始めていた。

企業も人の手を必要とする作業を機械に任せる「自動化」を進めるようになった。小型で携帯可能な機械式計算機が普及し、大きな商店にもレジスターが導入され始めていた。そこでわたしの知り合いが計算機を片手に「君のところでも、こういった商品を作ってみたらどうか」という提案をしてきた。わたしもこの自動化の流れはもっと加速していくだろうと見ており、「よし、やってみようか」と自動機械を生産する子会社を立ち上げたのである。１９６０年（昭和35年）のことだ。

この「松久機械株式会社」には当社の社員を常務として派遣し、他の企業の工場で働いていた技術者を２人採用し１人を工場長に、もう１人を技術担当常務にした。この商品も非常に売れた。この結果、わたしが手掛けていた事業は繊維、スイッチ、自動機の３事業に広がっていたのである。短期間のうちに時代の流れを読み取り、新事業に進出して成功した企業というのは、当時はかなり珍しい存在だったのだろう。自動機を売り出した翌年から証券会社の訪問を受けるようになった。彼らの訪問は、当社の株式の上場を視野に入れたものだった。

野村證券や日興證券（現ＳＭＢＣ日興証券）、山一證券（１９９７年破綻）、大和証券と「４大証券」の担当者が入れ代わり立ち代わり、わたしのもとを訪れた。印象的だったのは、野村證券の大森康彦さん。新規上場を育てる企業部長を務めるなど、ニュービジネスの育成に尽力していた。そして大森さんは後に孫正義さんが創業した日本ソフトバンク（現ソフトバンク）の社長を務めた人である。

１９８３年（昭和58年）、肝臓病で入退院を繰り返していた孫さんに代わって、社長に就任し、３年ほど経営の指揮を執った。その頃、父親と息子ほどの年の差がある大森さんと孫さんの２人が会社の代表として経営の舵をとるユニークな体制で世間からは「タンデム」（自転車の２人乗り経営）と言われたりしたものだ。

その大森さんも、野村證券時代に、よくわたしに会いに来ていた。当時、わたしも今でいうベンチャー起業家ということでマスコミに取り上げられていたので、彼らの目にも留まったのだろう。こうした上場の話までもらえるようになったのは、自分の力だけではなかった。東京で第一歩を踏み出し、そこから何万という人たちの協力を得て、ここまで来ることができたのだ。

「人に対して誠実でなければならない」

これはわたしが常日頃、心に秘めている信条。一つの仕事を追い求めていて、その過程でいろいろな課題や障害に出会い、時に挫折など辛い経験があったとしても、結果的に、あの人は誠実な人だという評価を受けていなければ事業は展開できないということである。

だから、わたしは上場という一つの選択を決断し、従業員を大事にし、取引先との信頼関係を高め、株主にはしっかり配当し、本社や工場のある地域社会とも共存するという方法を追求。少しでも社会に還元するという生き方を選んだ。住友商事、神戸銀行に当社の株式を持ってもらった。幹事会社には日興證券を選んだ。1963年（昭和38年）、東京証券取引所第二部（当時の店頭市場）に上場した。

当時の資本金は1億3500万円。この資本金の額の高さは群を抜いていた。例えば、1959年（昭和34年）に日本で初めてプレハブ住宅（工業化住宅）を世に送り出した大和ハウス工業の資本金が3000万円だったから、当時の当社の勢いが分かると思う。実は、1962年（昭和37年）プロ野球の東映フライヤーズ（現北海道日本ハムファイターズ）が阪神タイガースを破り日本一に輝いた。監督は、巨人軍を8度の優勝に導いた名将水原茂氏。1960年（昭和35年）に宿敵三原脩氏率いる大洋ホエールズ（現横浜DeNAベイスターズ）に敗れ、巨人を退団、東映の監督についていた。わたしは「この人はすごい勝負師」と感心し、勝負の世界で勝つ秘訣、組織を率いる秘訣などビジネスの世界にも通じるものがあると思い、当社の幹部社員の研修会の講師をお願いすることにした。しかし、コネも何もなかった。ダメでもともと電話してみたら、意外にも快諾。当社の幹部も名将から直接話を聞ける機会に大興奮。非常に有意義な研修会となった。その際に戴いた「球道一心」と記された色紙は、今でも大切にしている。また、大学生を集めて、模擬役員会も開催した。会社も軌道に乗ると、守りに入り、思い切った発想などできなくなる。つまり、マンネリ化だ。こうしたことに慣れ過ぎないよう、わたしは大学生による模擬役員会を思いついた。我々では思いつかないようなアイデアや指摘がどんどん飛び出し、これも大いに参考になった。わたしは、上場を控え、少しでもレベルを上げて、株主に報いることができるよう様々なことを実践した。こうした取り組みは、32歳で株式を公開したわたし自身とともに、マスコミにもいろいろ取り上げられた。

上場を契機に当社の知名度も高まり、マスコミの取材依頼も数多く受けるようになった。この頃から、若い起業家との付き合いも始まった。その代表例が「ＡＮＪ新経営者クラブ」だ。

１９６４年（昭和39年）に設立されたＡＮＪ新経営者クラブは、若き起業家が集まり、独立した中小企業が常にビジョン、目標を掲げ、前進するための組織づくりを行い、経営の勉強会と互いに意見を交わす親睦会を定期的に開催。海外にも行った。

発足に当たっては、当時の持田製薬社長の持田信夫さんより、数人で新しいユニークな経営者の会を発足しよう、50歳までの創業経営者またはそれに準ずる地位にある経営者で、上場企業またはそれに準ずる企業を対象にしよう、ということで発足した。後には、ユニ・チャームの高原慶一朗氏、トステム（現LIXILグループ）の潮田健次郎氏、CSKの大川功氏、すかいらーくの茅野亮氏、THKの寺町博氏、トミー（現タカラトミー）の富山栄市郎氏、コーセーの小林孝三郎氏、リクルートの江副浩正氏はじめ、一時期は80社を超える錚々たる経営者が集まった。とにかくみんな勉強熱心で、中国、アジア、西欧、米国など、世界中を視察した。また、米国のカルフォルニア大学で2週間研修を受けたりもした。中国の上海に行った時には、上海から広州まで汽車で長時間移動したのだが、その際にも、ユニ・チャームの高原氏、トステムの潮田氏、CSKの大川氏と私の4人で、延々と経営について語り合った。皆若く、本当に勉強熱心であった。タイに経済視察に行った際には、タイの首相とも懇談した。タイは工業団地を造成して、日本企業の進出を歓迎していた。トミー（現タカラトミー）はタイの工業団地に出たがっていたが、既に希望する立地は埋まっていた。そこで、わたしが首相に直接要望した結果、トミーは希望する立地に工場を建設することができた。ANJの仲間との交流は、50年を経た今も良い思い出である。また、ワコールの塚本幸一氏や京セラの稲盛和夫氏はじめ、宝酒造、村田機械、立石電機（現オムロン）、大日本スクリーンなど京都の経営者との交流会も定期的に行った。

当時京都の経営者は、稲盛氏や塚本氏が中心となり、大正・昭和生まれの経営者で正和会という親睦会をつくっていた。林田悠紀夫元参議院議員が、革新系の蜷川虎三・京都府知事の後を受け、府知事選に出馬した際には、この正和会の皆さんに集まってもらい、自由主義経済を守り、京都の発展のためにも林田府知事誕生を皆さんに強く訴えたことがある。結果、林田氏は見事当選を果たした。ＡＮＪ新経営者クラブは今でも続いており、２０１４年（平成26年）で設立50周年を迎えるに至っている。

「ＡＮＪ新経営者クラブ」の設立をきっかけに東京商工会議所へ

１８７８年（明治11年）、日本資本主義の生みの親・渋沢栄一らが中心となって作られたのが東京商工会議所。日本には現在、約４５０万社の企業があるが、そのうち中堅・中小企業は99％を占め、従業員では全体の７割を占める。日本経済団体連合会（経団連）、経済同友会と共に、東京商工会議所が属する日本商工会議所は経済３団体と呼ばれる存在だ。

日本商工会議所は全国約514の商工会議所を傘下に持ち、歴代会頭は東京商工会議所会頭が務める習わしになっている。その東京商工会議所の議員になって約半世紀近くが経つ。わたしの人生は東商と共にあったと言うこともできる。

1967年（昭和42年）、わたしが36歳のとき「商工会議所の議員になって欲しい」との要望を受け、最年少の議員として入会した。もちろん、経済団体連合会や経済同友会からもお声掛けはいただいた。資本金が1億3500万円だったから、会社としての入会資格は満たしていたということなのだろう。

その中でも商工会議所を選んだのには理由《わけ》がある。東京商工会議所は東京の商工業者の一番大きな経済団体であり、これを運営される方々は、いわゆる一流企業の経営者が議員になっていることは言うまでもない。

商工会議所の運営を担うのが議員。当時の議員総数は148人。年齢層は、明治生まれが125人、大正生まれが19人、昭和はたったの4名。戦後の混乱を乗り越え、「経済大国」と言われる実体を築いてこられたのは、明治から大正に生まれた方々だ。そういった苦境を経験した方々の知遇を受けたい、そして思う存分、仕事に全力投球したい。それが社会に対する責任であると考えたのである。

「何かをしなければ」

漠然とではあったが、フツフツとこの思いにとらわれており、使命感をもって自らの本業に打ち込み、そして東商での活動を展開したいと思っていた。

実際問題として、すぐにお役に立つ仕事ができたわけではなかったが、まずは日本をつくってこられた先輩諸氏の考え方や行動を自分の目で見て、肌で感じながら、議員として汗をかいていきたい、そう思っていた。まさか、この商工会議所が、わたしの生涯の大半を捧げる舞台になるとは、その当時、夢にも思っていなかった。

東京商工会議所では歴史に名を残した経営者の方々に知己を得ることができたのだが、わたしの商工会議所での活動の基盤づくりに大きな影響を与えた人が永野重雄さんだった。東京帝国大学（現東京大学）法学部を卒業して入社した浅野物産から富士製鋼（現新日鐵住金）に転じ、１９５０年（昭和25年）の富士製鐵の設立と共に社長に就任された。その永野さんが１９６９年（昭和44年）に第13代日本商工会議所会頭に就任し、東京商工会議所の会頭にも就任されたのである。

永野さんと公の場で初めてご一緒したのが、日本テレビ放送網のトーク番組『春夏秋冬』。永野さんが会頭に就任したことを受け、番組で座談会が企画されたのだ。番

昭和44年、日本テレビ「春夏秋冬」に出演。左から渋沢秀雄氏、永野重雄氏、筆者、徳川夢声氏、サトウハチロー氏

組のレギュラーであった作家・俳優の徳川夢声《むせい》さん、漫画家の近藤日出造さん、詩人のサトウハチローさん、渋沢栄一翁の四男である渋沢秀雄さんで構成され、当時の人気番組であった。その番組の『財界の大物小物』というテーマで永野さんが大物ゲストとして呼ばれたのだが、ここにわたしも同席することになった。

永野さんは当時の日本の経済を支えていた〝重厚長大〟企業のトップ。その大物の永野氏の隣で神谷という若い社長が座っていた。若い経営者の意見を聞くという番組側の意図もあったようだ。この番組がきっかけとなり、事あるごとに永野さんに相談できる人間関係を築くことができた。

また、永野さんもわたしのことを大変可愛がってくれるようにもなった。永野さんは「行動する商工会議所」を標榜されたが、その理念の実現に向けて微力ながら、わたしは行動を共にする決意をしたのである。商工会議所での活動は後述する。

初めて出会った政治家・川島正次郎氏

政治家との接点ができたのは１９５３年（昭和28年）のこと。松久のお得意先の方が川島正次郎さんを応援していたのだ。そこで「是非、応援をお願いしたい」ということで、その方は東京・日本橋馬喰町にある当社に川島さんを連れて訪ねて来た。得意先のその方は川島さんにわたしのことを「神谷は若いけど、なかなかのやり手なんだよ」と紹介してくれた。

実はその頃、わたしはあまり政治に関心がなく、川島さんのこともあまり知らなかった。恥ずかしながら、そのとき初めて川島さんが政治家だと分かったくらいだ。世

馬喰町ビル落成式に来社した川島正次郎氏と筆者（右）

間では川島さんの性格を例えて「仏の川島」と呼んでいたが、とにかく人柄がいい。わざわざわたしのような若くて名もない男のもとに足を運んでくれたことからも、気さくな人柄の政治家であった。わたしが東日本橋にビルを建設中の１９５５年（昭和30年）、第２次鳩山一郎内閣で川島さんは行政管理庁長官になられた。

「この人が大臣になるのか。すごいものだ」

大臣といっても何をする人なのか、よく分かっていなかったが、川島さんは3年後には岸信介内閣で自民党幹事長に就任。さすがに、政治のことにも興味を持ち始めていたわたしは幹事長という役職の大きさは世間並みに分かっていた。「自民党の幹事長になるほどの人なら凄いものだ」と。ただ、川島さんの力量をしっかり認識していたわけではなかった。人間の縁とはつくづく不思議なものだと思う。

話を元に戻すと、川島さんは専修大学の出身。卒業後、内務省（現総務省）官僚になり、政治家に転じた。その後、専修大学の総長をお務めになった。その川島さんを紹介してくれた得意先の方も専修大学の出身という縁で、共にある一つの問題意識を持っていた。

その頃、日本は高度経済成長時代に入り、ドーナツ化現象が起きていた。この結果、特に首都圏では中心市街地に事務所や商業施設などが増えたため、人の住める環境ではなくなり、郊外に家を探し、昼間は仕事などで中心市街地に行くといった現象が各地で発生。自宅から1時間以上、ないしは1時間半もかけて勤務先に通う。いわゆる「通勤地獄」という社会現象が問題になりつつあった。

神奈川県や千葉県、埼玉県など東京近郊に人が住むようになり、それと同時に都内の交通事情の悪化も進んだ。ところが、郊外から都心に向かう道路の整備は普及しておらず、生鮮食品の流通インフラも未発達であった。

生産者である農家は荷の重い生産品を運ぶため、整備の行き届いていない道路を運搬ルートに選ばざるを得なかった。渋滞の中を数時間もかけて東京・築地の卸売市場にまで運んでくることを強いられていた。また、その生産品を買い付ける小売商の人たちも同様の難行《なんぎょう》を強いられていた。そのため、輸送コストも膨らんでいくことになる。

この「流通の近代化」と「物価の安定」。この二つが大きな課題になっていることを川島さんは訴えた。その対応策として川島さんは、郊外に地方卸売市場を作ることを思いつく。郊外に卸売市場を作ることができれば、生産者も小売商も移動距離が短くて済む。わざわざ東京まで移動する必要がなくなるというアイデアをわたしに提言したのだ。

「神谷くん、やってみませんか?」

わたしは熟考した。こうした仕事の社会的な役割は実に大きい。したがって、目先の利益を追うというより、人々の食生活、日常生活にどうお役に立てるかという視点が必要になる。数年間は先行投資となる。そのため、金融機関をはじめ、各方面の協力を得なければ仕事は前に進まない。

繊維には精通しているわたしだが、食品を扱ったことは一度もない。もし卸売市場を手掛けることになったとして、そういった大規模な市場の設備を受け入れる場所をどこに造るかという場所の選定が大きな課題としてのしかかった。

こんなことを思案しているわたしの顔を見ながら川島さんはこう言った。

「神谷君、わたしの選挙地盤に千葉県松戸市がある。そこで作ってみたらどうだ」

せっかくの川島さんからの申し出。本来であれば国や都道府県などの地方自治体が対応する卸売市場プロジェクトであるが、実はその頃から財政負担をいかに減らすかということも社会的な認識として持ち上がって来ていた。

「国や自治体ができないなら、民間の自分たちがやるしかない」

地域社会によってわたしたちの商売は支えられている。その恩返しをするときだと考えたわたしは卸売市場を作る決心を固めたのだ。

言ってみれば、今でいう民間活力の活用ということだが、「民活」という言葉がまだつかわれていない頃の発想であった。わたしは市場については全くの素人《しろうと》だったが、わたしの気持ちに共感してくれる動きが早速出てきた。松戸市に土地を保有していた知人が、その土地を提供してくれたのだ。資金の方も千葉の地銀が提供してくれるという内々の了解をしてくれていた。

第3章

新事業へ続々と挑戦

「官から民へ」――民間企業が運営する初の市場「松戸市総合卸売市場」が開業

千葉県、松戸市、金融機関、出店者、買参人、その他各方面からの協力があって1966年（昭和41年）、同市松戸新田に「松戸市綜合卸売市場」と「京葉流通センター」を建設。運営は民間企業である「松久総合開発株式会社」がデベロッパーとして、その任に当たった。日本で初めて民間企業が設立する初の総合卸売市場が実現したのだ。

開業当初から、もの凄い数の来場者であった。加工食品の出店者なども募り、滑り出しは上々だった。ところが、しばらくすると問題が発生した。店頭で並ぶ魚や野菜が品質のよいものでなければ市場自体の経営がうまくいかない。松戸市綜合卸売市場に並ぶものは加工食品ばかりだったのだ。やはり加工食品だけでは限界があった。

加工食品は普通の問屋が扱うが、野菜や魚など生鮮食料品の場合は、卸売業者である荷受業者や仲卸《なかおろし》と呼ばれる業者が必要になる。ところが、この荷受業者が出店してこなかったのだ。

例えば東京・神田の青果市場や千住の魚市場は、「卸売市場法」の規定に基づいて国が認可・監督をする中央卸売市場。当然わたしも、同様の卸売市場を松戸につくろうとしていた。しかし、松戸のような地方卸売市場の場合は、市場の開設には千葉県知事の許認可が必要であった。また、市場に荷を入れる荷受業者も、県知事の認可が必要だったのだ。とりあえずわたしは事態の打開に向けて千葉県に相談をした。

当時の千葉県知事は友納武人《とものうたけと》さんだった。友納さんは、わたしのような35歳の若い人間が市場のことで相談に来るとは思いもよらなかったのだろう。驚いた表情をしながらも、知事の住まいが松戸市であるという縁もあって、わたしの相談に耳を傾けてくれた。ただ、知事と一緒に対応した県庁の農林部長などからは「それは国の農業政策の方針ですから、民間企業だけでやることは難しい」との反応。これには困り果てた。しかし、初めて手掛けることには、周囲も戸惑いを見せがち。ここでひるむわけにはいかない。わたしは、何度も千葉県や松戸市と協議を重ねた。この施設は、必ず地域に貢献する施設になる。だから、前例や官と民の壁も必ず破れると信じていた。

その結果、いわゆる「せり」と呼ばれる値決めの部分については、松戸市が管理・運営することとして、卸売市場の開設者の認可を受けることができた。こうして、松戸市綜合卸売市場は、日本最初の「民設公営市場」として本格的にスタートすることになった。しかし、荷受業者の問題は、まだ解決していない。

「仕方がない。出店してくれる卸売業者がいないなら自分が魚や野菜を扱う会社を作るしかない」

魚介類を扱う会社と生鮮野菜を扱う会社の社長に自分が就くことにした。これはつまり魚屋と八百屋の社長になるということだ。幸いにも、野菜に関しては近隣でカブやホウレン草、ネギなどを栽培する地元農家が多く、しかも市議会議員などを兼務している方が多かった。そういった方々に賛同していただき、一つの荷受会社を設立することができた。一方、魚の方は主力をマグロとする水産物卸売り会社「大都魚類《だいとぎょるい》（東証一部上場）」の力を借りることにした。

実はこういう問題が起きる前に、わたしは同じ東京商工会議所の議員でもあり、当時の水産業界を引っ張っていた経済リーダーに面識を得ていた。その人の名前は「大洋漁業（現マルハニチロ）」のトップを務めていた中部《なかべ》謙吉さん。兵庫県出身の中部さんは家業の林兼商店に入り、１９５３（昭和28年）に大洋漁業の社長に就任されて

松戸市総合卸売市場（平成７年の空撮）

いた。大日本水産会長や経団連・日経連各常任理事を歴任し、プロ野球チーム「大洋ホエールズ（現横浜ＤｅＮＡベイスターズ）」のオーナーを務めていた。大都魚類は大洋漁業の子会社だったのである。

中部さんのことは新聞・雑誌、それに水産物関係の業界新聞などを見て知っていた。中部さんにアポイントをとり、大洋漁業の本社があった東京・丸の内のビルに足を運んだ。

そこで松戸の市場の話を切り出すと、中部さんはいたく感心してくれた。

「君みたいな若い人間がそんな誰もやらないようなことをよくやろうと思った

ね。大変だろうな」

こう言って中部さんは小柄な身体に人柄の良さそうな表情で、わたしのためにすぐに動いてくれた。

わたしの目の前で電話をとると「何とか協力してやってくれ」と相手に頼んでくれた。その相手とは大都魚類の社長であった。数日後に大都魚類から連絡が入り、協力をしてもらえることになった。これで一件落着と思ったが、意外や新しい問題が起きてしまった。千住の仲卸業者が反発を始めたのだ。

仲卸業者の不買運動

大都魚類の千住支社と卸売市場のある松戸は目と鼻の先。それこそ電車で10分あまりの距離になるから、千住の仲卸からすれば自分たちの顧客を奪われかねないと危惧したのだ。そこで「大反対」の大合唱。大都魚類の不買運動まで起き始めた。親会社の中部社長命令で協力しようとしてくれた大都魚類も困り果て、わたしのところに頭を下げに来た。

「神谷さん、業界では我々のボイコットが起きている。この話はなかったことにしてくれませんか」

わたしも頭を悩ませた。でも彼らに迷惑をかけるようなことはしたくない。考えた挙句、わたしはこう提案した。

「よし、分かりました。それでは人と荷物を出してくれませんか。社長はわたしが引き受けますし、資金もわたしが出しましょう」

わたしはその道のプロでも専門家でもなかったから、まさに一大決心だ。そうやって何とか荷受会社の発足に漕ぎ着けることができたのである。

そこからがまた大変になった。朝４時から5時にかけて市場へ行き、魚の競りの様子を見たりするという毎日の仕事。そういう中で、市場で働く人を募集しようと、若い人材をたくさん採用していった。

応募してきた人たちの中には、この道の玄人《くろうと》が数人いたものの、残りは皆、素人《しろうと》ばかり。それでも野菜と魚を市場で揃えることができたときの光景には心が躍った。

そうこうしているうちに、商《あきな》いも軌道に乗り、仲買《なかがい》も30社ほど加わるようになった。それまでは荷受会社がなかったので、仲買は千住か築地まで仕入れに行かざるを得なかったが、わたしが荷受会社を作ったことで、松戸で仕入れができるようになったのである。卸売市場開設の効果がじわりじわりと出てきていた。

この頃のわたしは本当に忙しかった。野菜の卸売市場会社の社長も兼ねていたし、朝まだ暗いうちから魚の仕事をして、野菜・青果の仕事をする。さすがに2社の経営を1人で見ることには無理があった。

前述したように、野菜の会社は地元の青果会社が集まって設立されたという経緯があり、「東京千住青果」の社長にそちらの方は任せることにした。当社が青果会社の株式を保有し、経営に関する権限を委譲したのだ。魚の荷受会社は、その後、活魚を扱う会社が、経営することとなった。その際、わたしの作った魚の荷受会社の従業員は、仲買人として独立させた。仲買人として独立した彼らは、その後わたしが開設する成田市場、柏市場にも仲買として参画してくれて、市場を支えてくれた。今も続いている会社も多くあり、わたしとしても大変嬉しい限りだ。

卸売市場の経営は、知らない人間が始めると、大変苦労するものだということをつくづく思い知らされた。ただ、新しいことにチャレンジし、難題を解決し、目的をやり切ることができたのは、自分が若かったからできたことだと思う。だから、そのときは「苦労」であっても、今から振り返れば新しいことをやり遂げたという満足感にわたしも満ちていた。現在の松戸市綜合卸売市場は仲買や小売り業者だけではなく、一般の人も買えるようになり、そうした買い物客で賑わっている。

このときの教訓は、どんなことがあっても諦めないということだ。事実、わたしは自分がどんなに苦しい状況に置かれても、「やらざるを得ない」と退路を断って仕事に取り組んでいた。だから、難事が起きても「何とかしなければならない」という使命感で問題解決に臨んでいたのである。そんな気持ちの方が強かったように思う。自民党副総裁の川島さんを頼ることもなかったのは、そういう覚悟を自分なりに持っていたからだ。

その川島さんは市場がオープンする当日、わざわざ駆けつけてくれた。自民党の副総裁という立場でありながら、式典で挨拶をしていただいた。「神谷さんは若いけれども、これだけ熱心に仕事をやってくれる男はいません」と挨拶していただいた。このときの川島さんの言葉は今でも覚えている。

その川島さんとの関係の中で、一つこぼれ話がある。それは川島さんから「政治家にならないか」と誘われたことである。1959年（昭和34年）から1960年（昭和35年）にかけてだったと思う。あるとき川島さんは「君は若いし、政治家向きだ」と言われたのだ。わたしは生まれつき声が大きかったということは以前書いたが、それも政治家の必要な資質だと川島さんは言うのである。大きな声が出せれば街頭演説でもマイクは要らない。そして政治家として活動していけば、有権者の印象に残ると川島さんは感じたのだろう。

「地盤と看板はわたしが出す。肝心の資金は工夫すればそんなに要らない」

公職選挙において当選するために必要と言われる3つの要素「三バン」。いわゆる地盤＝組織、看板＝知名度、カバン＝資金のことだが、そのうちの地盤は川島さんの選挙区を譲るというのだ。

その頃の川島さんは、自民党の中で有力議員でありリーダー。自民党幹事長なども歴任してきており、地元の市川市や松戸市ではそれこそ確固たる地位を築いていた。その川島さんの後を継ぐ息子さんがいなかった。そこでわたしにそんな誘いをしてきたのではないかと思う。そんなことを川島さんは当時、言ったことはなかったが……。

ともあれ、川島さんの誘いを受けて政治家の舞台に転身すればそれなりの道は開けたかもしれない。川島さんの応援演説ももらえるし、その意味では、かなり高い確率で当選の芽があったと思う。その頃はまだ中選挙区制度で、川島さんの選挙区からは5人ほど当選することができた。もし川島さんが政治家を続けられても、わたし1人が加わったとして、当選させるぐらいの力量は川島さんにも自民党にもあった。

だからわたしもとても迷った。ただそこで考えたことは次のようなことだった。

〝わたしの学歴からいけば大学も卒業していないし、そもそも人から譲り受けた地盤でいいのか。千葉はわたしが生まれた土地ではない。わたしは岐阜で生まれ、岐阜で育った人間だ。それに政治家より実業の世界でもっと頑張りたい……〟

結局、川島さんにはお断りをした。それに対し、川島さんは何も言われなかった。

成田市からの市場の建設依頼

わたしが1966年（昭和41年）に開設した松戸市の卸売市場はその後、中曽根康弘内閣が押し進めた三公社の民営化の先鞭をつけたものだったと思う。

１９８０年代の半ばになると、日本では財政再建が大きな政治的テーマとなってきていた。戦後の日本は国民の踏ん張りで高度成長を遂げ、１９６７年（昭和42年）、GDP（国民総生産）で当時の西ドイツを抜き、アメリカに次ぐ世界第2位の経済大国になった。勤勉な国民性で、特にものづくりの分野では世界最先端を走る努力を行い、加工貿易で経済発展を遂げてきた。官民一体となっての成果である。しかし、いつしか公共投資や社会福祉などで財政が悪化、借金も積み重なっている。そして、経団連会長を務めた土光敏夫さん（東芝元社長）など経済人も「戦後の日本は財政出動で経済成長してきたが、これからは我々民間経営者もこうしたことに甘えてはいられない」として「増税なき財政再建」を訴えるようになっていた。

その手段として、行財政改革を国民運動として盛り上げようと、当時の鈴木善幸総理は、中曽根康弘氏を行政管理庁長官に任命し、土光さんを行革のお目付けである「第二臨調」（第二次臨時行政調査会）を設立。そのトップを務めてもらうことになった。

鈴木総理の後を受けた中曽根内閣は「官から民へ」をキャッチフレーズに、三公社の民営化を推進しようとしていた。日本国有鉄道（現ＪＲ）、日本電信電話公社（現ＮＴＴ）、そして日本専売公社（現ＪＴ）の三社である。そうした官から民への流れの源流は松戸市での卸売市場の創設であり、同じ千葉県成田市での卸売市場の開設であった。

１９７５年（昭和50年）、「成田市公設地方卸売市場」が開設されるのだが、１９７８年（昭和53年）の成田国際空港の開港を控え、成田周辺では「成田ニュータウン」への入居開始などに伴い、生鮮食料品の需要が急増すると予想されていた。ところが、成田市は財政的に苦しく、民間の力を必要としていたのだ。

ここでも松戸のときと同様、野菜などの青果に関しては、地元の農家で市議会議員の方が近隣の農家を集めて野菜の荷受会社を設立。もう一つの魚と加工食品に関しては、松戸で実績があるわたしのところに白羽の矢が立ち、成田市と共同で１９７５年（昭和50年）から水産物市場を含めオープンした。そして松戸では実現しなかった大都魚類の参画についても、今度は電車で2時間近く離れた場所になることもあって、仲卸からの反対も出ず、実現させることができた。

ただ大都魚類としても損を出すわけにはいかないということで、損失が出た場合は

成田市公設地方卸売市場オープン式にて。左から筆者、中曽根康弘・自民党幹事長（当時）、川上・千葉県知事（〃）

当社が3年間、損失分を負担することにした。荷受会社の応分の株式は当社が保有し、その代わりに人と荷物は大都魚類が責任を持つ。また、運転資金も大都魚類の方で工面してもらうが、万が一、損を出した場合は、わたしの方で負担する。相互補完の関係で成田市公設地方卸売市場は開設した。同時に、「成田総合流通センター」も併設され、成田は大盛況となり、取引開始から商いはどんどん増えてきた。魚の荷受会社の年間売上高もすぐに160億円にまで到達。利益も出るようになり、体制は整ったのである。

数年後、大都魚類からは「神谷さんに

持ってもらっている株を全部譲ってもらいたい」といった申し出がきた。わたしも株で儲けることを目的として始めたわけではなかったので、株を売却した。この成田市公設地方卸売市場の式典にやってきたのが中曽根さんだった。当時自民党幹事長だった中曽根さんをはじめ、千葉県知事や新東京国際空港公団（当時）の総裁も出席した。その頃には成田空港の滑走路は完成していたので、市場の開設式典に加え、滑走路を車で走って下見をするという予定になっていたようだ。

式典では中曽根さん、知事、市長そしてわたしが挨拶をし、業界新聞にも取り上げられた。そこで中曽根さんが気付いたことは、民間企業が市場を作ったということだった。つまり、市場でさえ民間企業が作る時代になったのだから、これからは公設、公益の施設やインフラを民間企業がやる時代になってくると、中曽根さんは感心したようだ。

日本国有鉄道・日本電信電話公社・日本専売公社の三公社と、郵政・造幣・印刷・国有林野・アルコール専売の五事業を総称した「三公社五現業」の改革の原点に繋がったのではなかろうか。国がやる仕事でも民間でできることは民間に任せる。民営化によって運営の効率化が図られ、サービスは向上し、国民の税金の納入による国民負担は軽減されることになる。また、債務も切り離すことができるといった効果が挙げられる。中曽根さんの行革に関する〝政治信条〟はより強くなっていったのではないか。

行革の歴史を少し振り返ろう。1981年（昭和56年）、鈴木善幸内閣時代に先述した「第二次臨時行政調査会（第二臨調）」が発足。第二臨調の最大の目標は「増税なき財政再建」。鈴木総理の前任の大平正芳首相が1979年（昭和54年）の衆議院総選挙で「一般消費税（仮称）」の導入を掲げて惨敗したことで、当面、消費税は政治の禁じ手となり、財政再建の手段は専ら歳出削減・行財政改革となった。

鈴木内閣で行革を担当したのが行政管理庁長官だった中曽根さん。鈴木総理の突然の辞任を受けて1982年（昭和57年）に首相に就任するやいなや、「戦後政治の総決算」を実現するために、臨調を最大限に利用することになる。そこで掲げたスローガンも「官から民へ」だった。おそらく中曽根さんはそうなることを予見していたのだ。

大成功をおさめた「柏市公設総合卸売市場」

さて、松戸と成田で市場を開設したことで、民間企業による市場の建設・運営の流れは広がっていった。千葉県柏市でも市から要請を受け、わたしは市場の建設に乗り出した。野菜の荷受会社は滞りなく進み、県会議員が旗頭となって会社を設立。魚の方も大都魚類と会社規模が同等の築地の「中央魚類」に声をかけた。このときはトントン拍子に話が進んだ。

既に2件の市場建設という実績があったから、中央魚類の社長もすぐにわたしのアポイントに応じ、「神谷といったら、市場を民間でやった人として聞いていましたよ」と応じてくれた。新市場での新会社の設立にはリスクがあるから、そこはこれまでと同様に、わたしの方で新会社の応分の株式を持つ代わりに、人と荷物は中央魚類に任せ、損をしたらわたしが3年間は補填すると提案した。「勝負をしてみませんか？」。わたしの提案に中央魚類の社長は「分かりました」と言って乗ってくれた。

柏市公設総合卸売市場（平成２年空撮）

その社長は柏市の市長に会いたかったようだ。そこでわたしが市長を紹介した。社長も市長もかなりの年輩の方だったが、市長からも「是非とも頼みます」と言って２人は握手をした。共に豪傑な人。中央魚類も進出する決心をし、１９７７年（昭和52年）、既にあった青果部と花き部に加え、水産物部が開場し、「柏市公設総合卸売市場」が誕生した。

柏の中央魚類市場は最も多いときで年間売上高３８０億円を達成。成田よりも柏は人口が多く、それだけ成果が大きかったのだ。利益は市場を開設してから３年ぐらいで出るようになった。経営が軌道に乗ると、わたしは株を売却し、経営は中央魚類に任せた。

その後も、埼玉、神奈川にも市場を作ろうと奔走したがその頃は自治体も力をつけていたし、市長の賛同は得たが議会に反対されるなどのため、うまくいかなかった。また、民間で市場を開設した実績が評価され、米国のサンフランシスコ市長から、観光地として有名な「フィッシャーマンズワーフ」の再開発も依頼されたが、こちらも1989年（平成元年）に米国カリフォルニア州北部を震源とするロマ・プリータ地震の影響もあり、計画はとん挫してしまった。逆に、木更津市とは東京アクアラインの開通に合わせて、木更津に米国のフィッシャーマンズワーフのような施設を作ろうとの計画も進めていたが、こちらはバブル崩壊の影響により、実現しなかった。

千葉県内の三例を紹介したが、市場の経営に関しては、わたしは全くの未経験者。だからこそ、胸を張って経営をするためにも、株を持って株主として責任のある立場にないといけないと思った。株を持っていなければ、「負担する」と言っても口だけになってしまう。

だが株を持っていれば、やはり自分が負担をしなければならない。リスクをとって、何かを被るという肚《はら》を括《くく》らなければ事業というものは成功しないのではないだろうか。だから、周囲の人たちもわたしのことを粋に感じてくれて力になってくれたのだと思う。

そもそも市場を作ろうとしても、地方自治体にはお金がない。市場を作るのも大切だが、人口が右肩上がりに上がる時代にあっては、学校や病院、道路などへの資金需要が膨らみ、お金がいくらあっても足りない。事実、当時の自治体は様々な社会インフラを整備しなければならなかった。だから、市場の土地については、ある程度、自治体にお金ができた時点で買い取って欲しいと要望を出していた。これは松戸市をはじめ、成田市でも柏市でもそうだった。

柏市は、財政的な余裕ができてきて、市の方から「買い取りたい」という提案を受けた。そして売却が決定。それから、成田市も成田国際空港の開港によって飛行機の運航が始まると、発着料などの収入が増えて市の財政も潤ってきた。成田の場合は、水産市場と土地の一部を買い取り、学校用地として活用したいと提案してきた。そこで水産市場と土地の一部を売った。

ところが、松戸市へ市場を売却する予定だったが、〝待った〟がかかる。市によると、土地の価格が上昇し、市場の面積を拡張すると、その分投資が増えてしまう。松戸市場誕生当時の松戸市長はその時点で亡くなっており、新しい市長が選ばれていたのだが、新市長に土地売却の話を持ち出しても「いや、まだ市の財政は苦しい」とやんわり断られていた。実はこの頃から、日本はバブル経済に突入していた。

ご承知の通り、その後、バブル経済は1990年代の初め、崩壊する。土地の値段は下落し、出店者の売り上げも右肩下がり。「このままではいけない」。そう考えたわたしは各市場に主力金融機関をつけようと動き出した。松戸市場は日本信託銀行、成田市場は地元の成田信用金庫（現千葉信用金庫）、柏市場は「大和銀行（現りそな銀行）」。もしものことがあった場合は、主力金融機関に資金協力を仰ぐ態勢づくり進めていた。そうしなければ生き延びることができないと本能的に踏んでいたのである。

バブル崩壊を経て

1990年（平成2年）に株価が暴落し、1991年（平成3年）には地価が下落し始めた。こうやってバブル経済が崩壊。急激な信用収縮が進み、それまで常に上昇を続けていた地価や株も下落し、投機意欲も急速に減退。バブル経済期に土地を担保に行われた融資は、地価の下落によって担保価値が融資額を下回る担保割れの状態に陥った。柏市場のメーンバンクであった大和銀行は程なくして市場を売っていたので回収を済ませていた。また、成田市場もメーンバンクの地元の信用金庫に借り入れの半分は返済できていた。

その中で苦戦したのが松戸市場。バブル期は1坪当たり約100万円だった地価が3分の1に大暴落。そうこうしているうちにメーンバンクの「日本信託銀行」が経営破綻状態に陥り、1994年（平成6年）に自主再建を断念することになった。その後、2001年（平成13年）に「三菱信託銀行（現三菱UFJ信託銀行）」に吸収合併され解散という道を辿ることになった。

「日本長期信用銀行」や「北海道拓殖銀行」などが破綻し、不動産会社や他の銀行も不良債権処理に追われる中、日本でも、議員立法により、債権回収に関する特別措置法、いわゆるサービサー法が制定され、ハゲタカとも称される外資系企業がこぞって参画し、各銀行の不良債権を二足三文で買い取り、時には強硬な手段を行使して債権の回収を行い、莫大な利益を上げていた。

結局、松戸市場の債権は米国系のリーマン・ブラザーズが買い取り、わたしのところにも同社の担当者が債権の回収を目的にやってきた。そこから2年ほど交渉を重ねた。

交渉は全て英語。日本人の通訳も付いてきたのだが、来る度に通訳が入れ代わる。どうやら、そのリーマンの担当者は日本人を信用していなかったようで、わたしと通訳が結託することを恐れていたのだ。かなりの交渉回数を重ね、物事は進んでいたのだが、突然、彼らは松戸市場に対して会社更生法を申請してきた。

なぜ更生法を申請してきたのか。今でもよく分からないが、一つにわたしが土地の値段を安く付けたことが発端だったようだ。わたしの方は、リーマンが持っている債権を肩代わりする金融機関を懸命に模索し、前向きに検討してくれている金融機関もいたのだが、当時の経営環境を考慮すれば、高値で肩代わってもらうわけにはいかない。私的には、ぎりぎり出せる適正価格を模索していた。

２００４年（平成16年）、松戸市場を保有していた松久総合開発は会社更生法による手続きを開始。市場の会社更生法の適用は初めてだったので、弁護士などを通じてリーマンと手続きに関する交渉の時間を取ろうとしたのだが、時間が足りず、結果として不動産ファンドの「アセット・マネジャーズ（現いちごグループホールディングス）」がスポンサーとなり、当社の社員も移籍することで決着。今では松戸市場も好調な運営が行われている。

松戸市場が開設されて約50年。市場は公設民営市場として地域のお役に立ってきたと思う。それは紆余曲折を経ながらも、今も存在していることが何よりの証拠。成田市場は現在も我々が運営をしているし、柏市場は柏市によって運営されている。

この市場建設の取り組みをはじめ、地域のお役に立ちたいという気持ちから、わたしは様々な事業に挑戦してきた。その数は19業種。繊維から始まって電機、自動機械、卸売市場運営、野菜の荷受、魚の荷受はこれまで触れてきた通りだ。しかし、全業種がうまくいったというわけではなかった。

レストランビジネス　～茅野亮氏、江頭匡一氏～

例えば、わたしは外食にも参入し、レストランを運営したこともある。きっかけはわたしの会社にいた社員の妹が、茅野亮《ちのたすく》さんと結婚したことだった。茅野さんとは、言わずと知れたファミリーレストラン最大手「すかいらーく」の創業者の１人。茅野さんは１９６２年（昭和37年）、東京・ひばりが丘団地で、兄弟の横川端《ただし》さん、横川竟《きわむ》さん、横川紀夫《のりお》さんと食料を取り扱う食品スーパー「ことぶき食品」を創業。

その後、アメリカ視察中にモータリゼーションの進展を受けて、郊外型のレストランが繁盛していることに気が付き、１９７０年（昭和45年）に東京郊外の国立市で、すかいらーく1号店を出店。破竹の勢いで成長を続け、茅野さんは「横川4兄弟」の1人として、外食業界でも名を馳せていた。そんな縁もあって、茅野さんはわたしのところへ挨拶しに来ていたのだ。

彼の活躍を見聞していたわたしも挑戦者意欲をくすぐられた。「わたしもレストランに挑戦してみよう」。後に「国立新美術館」（東京港区）の設計を担当する建築家の黒川紀章さんに「ユニークなレストランを設計して欲しい」と依頼。黒川さんは世界で初めてカプセル型のマンション「中銀《なかぎん》カプセルタワービル」を設計し、その名を轟かせていた。

家族が喜ぶようなレストランを作ろうと、黒川さんの設計したレストラン「ナルビック」を3カ所で始めたのだが、厳しい洗礼を受けることとなった。やはり事業はそんな生易しいものではなかったのだ。ましてや、専門業種であればなおさらだ。料理を扱うビジネスだから、うまくいくように思っていたのだが、実際にやってみると、管理の難しさを痛感した。肉にしても魚にしても、食の安全・安心を維持しつつ、温度管理などをしっかりできる店長、あるいは料理長がいなければ外食経営などできないということが分かったのだ。

わたしのレストランでは、アルバイトが食材を家に持ち帰ったり、自分で食べてしまったりと、トラブルが頻発した。店で働く従業員をマネジメントできるしっかりした部門長がいなかったから、このような出来事が日常茶飯事に起きてしまっていた。料理長による現場の統括ができていれば良かったのだろうが、そういった人材を確保することができないということで、わたしに責任があった。お客様に対するサービスやお店の清潔感など、お世辞でも手の行き届いたサービスはできているとは言えなかった。

あるとき、外食のプロに会って話を聞く機会があった。そのプロとは、ロイヤル（現ロイヤルホールディングス）創業者の江頭《えがしら》匡一《きょういち》さん。わたしのレストランの現状を報告し、江頭さんに対応策を相談したのだ。一連の状況を説明すると、江頭さんは諭すようにこう言い始めた。

「神谷さん、素人では無理です。もしレストランに行ったら、手で棚の上などをなぞってみてください。そこでホコリが付いていたら怒鳴りつけなければダメですよ」

江頭さんはわたしの本気度を確かめたのではないだろうか。店内に入ったらテーブルやイスの上はもちろんのこと、棚や窓枠などあらゆるところを指でなぞってホコリが付いていないか確かめろというのである。それを隅々までやることは当然だと。

「あなたはそこまでできないでしょう。他のお仕事もされているわけですから」

淡々と語る江頭さんを前にわたしはハッとさせられた。１９７１年（昭和46年）に福岡で誕生した洋食レストラン「ロイヤルホスト」を全国に展開させるまでに成長させた江頭さんは、新店で提供するメニューを全て自分で食べて納得してから商品を出したと言う。そして、お店が清潔に掃除されているかを確かめるため、自分の足で店舗まで赴き、行き届いていなければ社員を叱責し、自らがモップがけをしたのである。

「そうか。これはなかなか難しいな」

わたしは反省した。生半可な気持ちで新領域に参入したところで、専門の事業者に勝てるわけがない。実際に、外食事業は儲からなかった。店舗数を伸ばそうと考えていたのだが、やはり専業で〝おもてなしの心〟がなければ決してうまくいかないと感じることになった。

従業員も当社のような午前9時から午後5時という出勤時間ではない。われわれが寝ているときも一生懸命仕事をしているのだ。門外漢が外食をやろうとしても決して楽ではなかったのである。わたしは外食から身を引こうと考えた。

3軒あったレストランのうち、2軒は売却し、その姿を消した。一方、残りの1軒も他社に売却したのだが、建物自体は現在も残っている。このレストランは今も柏市の国道6号線沿いにあり、名古屋のステーキ専門店「あさくま」となっている。黒川さんがデザインしたユニークな建物が水戸に向かう国道6号線に面しており、美味しい夕食を食べに来る家族客などが来店しているようだ。その店の前を通る度に江頭さんとの会話のやり取りを思い出す。

三越の出店を決めたショッピングセンター事業

他にも失敗した事例はある。その一つがボウリング場。東武線の竹ノ塚駅の近くに進出した。開店から1年ほどは経営も安定していたのだが、あっという間に景気悪化の影響で厳しくなった。ボウリング場を運営するには土地の仕入れから始まって、１店数億円という膨大な投資を必要とする。何軒かまで拡大していこうと考えていた矢先の撤退となった。

次にショッピングセンター事業。１９７４年（昭和49年）、松戸駅の近くに百貨店の「伊勢丹」が出店することになった。当時の松戸市長は伊勢丹の進出を受けて、松戸市場を経営していたわたしに声をかけてきた。松戸駅では南北に線路が敷かれており、伊勢丹は駅の南側にできる予定となっていたが、市長は北側にも百貨店やショッピングセンターといった商業施設を誘致したいという思いを抱いていたのだ。

そこで、近隣でボウリング場跡地があり、その場所で松戸市長からラブコールが来たというわけである。その頃わたしはボウリング場の跡地には戸建て住宅やマンションといったものを建てようと考えていたのだが、市長からの願い出もあり、市の協力もいただいて周辺の土地も買い取ってショッピングセンターを建設することにした。ただ、この頃はショッピングセンターを作った場合、キーテナントとして百貨店が入ることが主流。ショッピングセンターの先進国であったアメリカでも、それが当たり前だったのだ。

あるとき、わたしは「三越」に目星をつける。そこで三越に相談を持ちかけた。
「今度、松戸にショッピングセンターを作るんです。松戸は郊外ですが、三越さん出店してくれませんか?」というお願いである。

しかし最初は担当者に会おうと思っても、秘書から門前払いの連続。その後、何とか役員に会うことができて直接、懇願したのだが、なかなか首を縦に振らない。そこで、当時の岡田茂社長に面会を求め何回もアポイントを重ねた。

それで10回目にしてやっと当時の社長であった岡田茂さんが面会に応じてくれた。応接間に現れた岡田さんはわたしを見るなり、こう言った。
「いいよ。君が熱心になっているから出店するよ」

意表を突かれたわたしは半ば耳を疑った。

「三越の名前で出てもらうことが条件ですよ？」

「ああ、三越の名前で出る」

今にも飛び跳ねて喜びたい気分になった。そして岡田さんは続け様《ざま》にこう付け加えた。

「うちの会社の社員も全部付けてやる。神谷さん、心配するな」

最後にこんな一言を添えて岡田さんは部屋を後にした。松戸のショッピングセンターに三越の出店が決まった瞬間だった。

三越と言えば三井財閥（現三井グループ）のルーツとなった「越後屋」を起源とする由緒ある企業。岡田さんが社長になる前年の１９７１年（昭和46年）には日本の小売業として初めて売上高が１０００億円を突破。全国各地に〝百貨店の雄〟として新規出店を重ねていた。その三越が「松戸にやってくる」という話は一気に広まり、それにつられて他の専門店などからも「出させて欲しい」という要請を受けるようになった。

満を持しての「松戸アーバンヒル」開業

三越が決定し、家族客の来店が見込まれることになったため、わたしは何か一つ、アクセントを加えたいと考えた。そこで浮かんだアイデアが「サンリオ」の誘致。その頃、同社は「いちご」のデザインやキティちゃんに代表されるキャラクターを取り入れた雑貨で一躍脚光を浴び、子供たちの間でも人気になっていた。そして、サンリオのキャラクター商品は爆発的な人気商品となっていたのである。しかも、聞くところによると、映画館や劇場もやろうと考えているというではないか。

実はサンリオの存在を知ったのは、付き合いのあった三井銀行（現三井住友銀行）の実力者・小山五郎さんの紹介がきっかけだった。小山さんは三井銀行の社長、会長を歴任した人。その小山さんが「サンリオに面白い人間がいますよ」と言う。その面白い人間こそがサンリオ創業者の辻 信太郎さんだったのである。

小山さんによれば、「辻さんの会社は何か面白い玩具《おもちゃ》を作っている。サンリオに出

日本初の総合ショッピングセンターと言われた「松戸アーバンヒル」

てもらったら、ショッピングセンターも盛り上がると思うよ」と。そうであるならば、是非お願いしたい。辻さんはあまり人前に出る人ではなく、そういった面談に応じる人でもなかったのだが、小山さんが間に入ってくれたこともあり、わたしに会う時間を設定してくれた。小山さんの後押しもあって、話はとんとん拍子に進んだ。わたしが松戸にショッピングセンターを作り、既に三越の出店が決まっていることを告げ、辻さんにも是非とも出てきてもらいたい旨の申し出をすると、快諾してくれた。

そこで映画館をやろうと思っていると話すと、「映画館、結構ですね」と辻さん。

昭和55年「松戸アーバンヒル」開場テープカット。左から筆者、岡田茂・三越社長（当時）、松戸市助役

「松戸サンリオ劇場」という名前で3スクリーンを設置した映画館を作ることになった。しかも、サンリオの商品を取り扱う店も出すことも決めてくれた。

1980年（昭和55年）、ショッピングセンター「松戸アーバンヒル」は満を持しての開業となった。この松戸アーバンヒルも設計は黒川さんに依頼。大変ユニークな外観の建物となった。黒川さんは本場、アメリカのショッピングセンターのことも勉強していて、通路も天井も設けず、雨が降ったら雨が降り、雪が降ったら雪が降るということで、自然を生かす基本姿勢で設計を進めた。アメリカを参考にした設計だったが、雨や雪となると、アメリカと日本とでは事情が違うので、少々不便さを感じる部分はあった。

それでもオープン当日は、黒川さんも出席し、「こんなユニークなものをわたしに作らせていただいた。これは天下一品です。間違いなく成功するでしょう」と挨拶をしてくれた。また、三越の岡田さんや松戸市長も駆け付けてくれた。そこでわたしは「このショッピングセンターはなかなかユニークです。地元の皆さんのために三越さんにも出店していただきました。愛されるお店になればと願っています」とお礼を述べた。松戸アーバンヒルは地元からの評判も上々で好評を博した。

窮すれば通ず――店舗を閉鎖してマンション建設へ

ところが喜びも束の間、しばらくすると、客足が鈍り始めてしまう。原因は駅からのアクセス。ショッピングセンターの前に陸橋ができてしまい、駅から来る道を塞ぐ形になってしまったのだ。本来であれば駅からショッピングセンターに続く道が整備されることにより、駅で降りた乗客がそのまま誘導されてくる算段だったのだが、陸橋ができたことで松戸アーバンヒルの看板も隠れてしまったのだ。しかも、駐車場が非常に狭く、正面入り口とは逆の裏側にあった。そのため、車で来る場合も不便になってしまったのだ。

先行きが不透明になり始めた中で、わたしは賃貸ではなく売却を考え始めた。これ以上、続けていると、投資が回収できなくなる恐れが出てきたからだ。商売人としての〝嗅覚〟が働いた。開業から数年が経ち、およそ半分の土地建物を分譲・売却することにした。実はこれが後に尾を引くことになるのだが……。

来店客の減少がしばらく続くと、客入りの低迷に業を煮やした三越が撤退を表明。映画館を運営するサンリオ以外はなかなか難しい経営を余儀なくされた。三越撤退の余波は大きく、他の店舗も次々と撤退していった。結局、6割ほどのテナントが退去し、サンリオまでも閉鎖せざるを得なくなったのである。

このショッピングセンターをいつ閉めるかということになった。その場合、次の使い道を考えなければならなかった。このショッピングセンターの敷地は約2000〜3000坪という広大な広さ。駅にも近いということでマンションを建設することにした。次に誰が建てるかということが問題となり、一瞬、わたしもやろうと考えはしたが、銀行もお金は出せないと言う。そんな状況の中で手を挙げたのが三井不動産だった。

もちろん、わたしは「これはいい機会だ」と前のめりで話に乗った。しかし、ここでまたもや問題が起こる。前述したように、分譲をしたテナントが店からの撤退を拒否するという事態が起こったのだ。わたしの立場からすると、松戸アーバンヒルに入居しているテナント全てが退去しなければ物件として三井不動産に売ることはできない。これにはさすがに困った。

結局、最後にはわたしの方で売却したときよりも倍近い金額を出して買い戻すことになった。全てのテナントから権利を買い取るまでにおよそ3年という月日が経った。そして、三井不動産に物件を売却。当時としては大規模プロジェクトで総戸数300戸を超える22階建てのタワーマンション「パークスカイタワー松戸」として駅周辺では最も高いマンションが建設されている。

もしこの松戸のショッピングセンターが成功していれば、次から次へとショッピングセンターを各地で展開していったことだろう。ただ考え方によっては、それで良かったと思うところもある。その後、「そごう」「マイカル」など流通大手企業は続々と経営破綻に追い込まれ、百貨店も「大丸」と「松坂屋」が持ち株会社「J．フロントリテイリング」を、「阪急百貨店」と「阪神百貨店」が「エイチ・ツー・オーリテイリング」を設立、三越と伊勢丹も経営統合をして「三越伊勢丹ホールディングス」になるなど、〝流通大再編時代〟を迎えることになったからだ。

今でこそ、郊外を中心にアウトレットをはじめ、大型のショッピングセンターが雨後の竹の子のように誕生しているが、わたしが始めた頃は、まだ草創期であった。そういう意味では時代が早すぎたとも言えるかもしれない。

現在のショッピングセンターは中核テナントがあって、その周辺に専門店が入居し、お客は回遊できるようになっている。わたしが松戸で始めた松戸アーバンヒルも上層階にキーテナントとして映画館があり、専門店が軒を連ねる構造だった。それを昭和50年代の初めにやったのだ。

秀和創業者・小林茂氏の「貸しビル哲学」

当社もこのショッピングセンター事業で大きな損失を被ることになった。ただ、わたしの経営哲学の一つとして、うまくいかないことをそのまま続けず、どこかで見切りをつけるということがある。これは経営には大事なことだと思う。必ずうまくいくと思っても成果が出ず、そのことに固執してズルズルと続けては、後で取り返しのつかないことになってしまいかねない。潮時を感じ取る能力も経営者にとっては必要なことではないだろうか。やはり〝決断〟が重要なのだ。

また、この土地の仕入れという作業が共通していることからマンション事業も展開した。ただ、マンション事業に乗り出そうと考えた契機となったのは、不動産会社「秀和」の創業者・小林茂さんとの親交だった。

小林さんは１９５７年（昭和32年）に秀和を設立し、その後、東京都心を中心に多くの賃貸ビルを建設。また「秀和レジデンス」の商標でマンション販売を手掛け、昭和のマンションブームを牽引していた。しかも、オフィスビル事業でも業績を伸ばしており、小林さんは時の人になっていたのだ。

その小林さんから「神谷さん、マンションは冷蔵庫などの耐久消費財と同じです。土地を仕入れてそこに箱を建てる。その箱もいずれ消費されながら老朽化する。マンション事業は箱を作ってそれを売ったらおしまいの商売なんです」と聞かされた。

小林さんは１９６４年（昭和39年）の東京・青山の「秀和青山レジデンス」を皮切りに、赤坂、鳥居坂、恵比寿、高輪などに秀和レジデンスを分譲。都内を中心に同じデザインコンセプトのマンションを生み続けていた。「そういうものなのか」と思いつつ、ボウリング場が破綻した後を受け継ぐ事業という意味で、わたしも都内で何カ所かマンションを作った。

確かに損はしなかった。ただ、小林さんのように大々的な拡大にまでは踏み込むことはできなかったのだ。というのも、その頃、当社の専業であった繊維事業が苦しくなっていたからだ。原因は１９７３年（昭和48年）から始まった第１次石油危機（オイルショック）だった。

祖業・繊維からの撤退

それまで好景気が続いてきた繊維産業は初めて不況に突入することになった。１９７１年（昭和46年）にドルショックが起こり、日本はここから為替の固定相場が変動相場制に変わる。経済大国になって来ていた日本は円の切り上げを余儀なくされていく。つまり円高時代の始まりである。また、この頃、日米繊維交渉などが行われ、日本からの安い輸入製品に困り果てたアメリカが輸入規制をとり始めた。つまり日米繊維戦争の勃発だ。

そうこうしているうちに、今度は発展途上国から割安な製品が輸入され始めた。そのため、綿織物は主に韓国や台湾、香港、パキスタン、中国からの輸入で、この輸入の増大と仮需を見越しての生産過剰の状況の中で、オイルショックが起こり、資源不足の影響で〝糸高製品安〟という最悪の事態となったのである。

当社の祖業でもあった繊維だが、どんどん繊維の在庫が溜まり、不良債権として積み上がり始めた。「もはやこれ以上続けられない」。わたしは繊維事業からの撤退を考えた。ただ、撤退をするということは大きな膿が残る。その処理のお金をどうするかがネックだったのである。

そこでまずは保有していたビルの売却を始めた。その頃、不動産だけはある程度値上がりしていたので、銀座や大阪にあったビルを売り払った。撤退を早くに決断したこともあって銀行に迷惑をかけることはなかった。

同時に、株式の公開も取り下げた。市場に流通している株式をわたしが買い集めることにした。今日ではＭＢＯ（マネジメント・バイアウト）などともいわれているが、当時としては大変なことであった。

そんな折に小林さんからアドバイスされたのが、貸しビル業だった。小林さんは「ビル業は金貸しと同じで、夜でも昼でも家賃を稼ぐもの」と言っていた。つまり、入居テナントから家賃はずっともらえる24時間事業であるということ。普通の商売は昼間にやるものだが、貸しビル業は夜も収益を稼ぐというものだったのだという本質を衝いた小林さんの話だった。一度、ビルを建ててテナントを埋めることができれば、人件費もそこまでかからない。せいぜい管理人と掃除をする人を数人雇えば回るというわけだ。

「神谷さん、ビル業をやった方がいいよ」

小林さんからの薦めを聞いたわたしはビル事業を始めた。ただ本業の繊維からは撤退したものの、他の事業も手掛けていた。ビルだけに専念しているわけにはいかないというのがわたしの考えだった。もしこのときビルだけに特化していたら、わたしの人生はまた違った道を歩んでいたことと思う。

これまで卸売市場のことを詳述してきたが、青果物や水産物のほかに、わたしは花《か》卉《き》も手掛け、花会社も作った。

現在も日本最大の花卉卸売市場として「大田花き」があるが、大田花きも含めて数社と一緒に合同で花会社を設立したのだ。この会社は今も松戸市場に残っている。大田花きは業界で最も大きな会社。当時の同社社長であった磯村民夫さんからの協力をいただいて花会社を立ち上げた。これは実にうまくいった。

さらに手掛けたのが金融業。いわゆる金貸し業である。扱っていたものは手形割引などがメーンで、手形1枚につき年3割から4割ほどの利子を得ることができた。確かに事業そのものは順調だった。お金を貸すだけで利益が出るのだから、こんなに楽な仕事はない。紙切れと100万円の現金を持ってきたら、30万円は儲かってしまう。そんな商売である。ただ、そういう仕事にしっくりこなかったのも事実。「こんな仕事が続くのか」という不安は、しばらくすると的中した。やはり不渡りが出てしまったのだ。

借り手と言い争った金融業

当初、社員3人ほどの会社で経営していたが、社員は皆、素人である。先ほどの外食と同様、素人が取り立ての方法など知るはずもない。だから、うまくお金の回収が進まなかったのだ。それに素人の社員にやらせる仕事としてはあまりにも酷なもの。そこでわたし自身が手本を示さなければならないと考えた。

あるとき、中小企業の事業主にお金を貸し、不渡りとなった先に取り立てに朝6時頃、自宅まで行ったのだ。相手は株式会社だが、個人事業主。その人の軒先まで行った。

〝ドン、ドン、ドン〟

「神谷です。いらっしゃいますか！」

〝ドン、ドン、ドン〟

中小企業の社長の自宅まで行って戸を叩いた。朝6時から大きな音を立てて名前を呼ぶと、寝巻を着たままの姿でその社長が戸を開けた。すると、開口一番、こう怒鳴った。

「朝から何だ！　馬鹿野郎！」

険しい剣幕でその社長がわたしに言い放った。

「お前のところだって儲けて貸しているんだろう！」

そのときはその社長と口喧嘩となったが、終わった後、疑問を感じた。「何だ、これは？」。今目の前で起こったことに戸惑いを禁じ得なかった。「お金を貸して欲しい人にお金を貸した。だったら喜ばれるはずなのにどうして……」。こんな商売をしていたらダメだ。そのとき、金融から手を引くことを決めた。

このときは社員に取り立ての仕方を教えようと相手と口論になったが、商売のあり方を考えた場合、相手に文句を言われるような貸し方をすることはおかしい。事業をしていて取引の相手に喜ばれるならいいが、文句を言われては商売とは言えない。朝6時に起きて、大きな声で戸を叩くような事業は長続きしない。卸売市場を始める前の昭和30年代後半のことだったと記憶している。株式が上場し、小金が入って来たので金融を勉強して始めたものの、ここでの経験を通じて、仕事は相手が喜ぶような仕事でなければ続かないと感じた。やはりどこかで無理が出るような仕事は、いつかは潰れてしまう。それは今のご時世でも言えることだと思う。

ちなみに、金融業をやっていたとき、神戸銀行（現三井住友銀行）の副社長に支店長の派遣をお願いして協同組合を作ったことがある。その協同組合では、ガスライター「マルマン」の片山豊さんやマンション大手「大京」の横山修二さんに資金を融貸した。お二人とも駆け出しの頃で資金に困っていたのだろう。銀行は不動産会社や新興企業の彼らになかなかお金を融資しなかったこともあったのかもしれない。だから、われわれがお金を貸し出した。他にもいろいろな人に貸したことを思い出す。

ただこのときは法外な金利で貸すようなことはしなかった。わたしの協同組合も一部、銀行のお金を使っていたし、先ほど申し上げたように、高く貸すようなことをしたら相手に喜ばれない。底意《そこい》のある金融機関であれば、相手を引っかけるつもりで貸したりするのだろうが、わたしはあくまでも運転資金に使うという用途に限ってお金を貸すようにしていた。だからこそ、資金に困った人たちが借りに来たのだ。

協同組合という形にしたのも、信用組合では大蔵省（現財務省）の認可が必要になり、認可を得るまでに長期間の時間がかかるからだ。また、信用組合を買収するにしても時間がかかる。協同組合であればお金を持ち寄って任意で作り、事業ができたのである。

周りの友人たちに声をかけて資金を出してもらい、いろいろな取引先で本当にお金に困っている人にお金を貸す。これがわたしの考える本来の金融だった。大手企業はどこも金融部門をグループで持っている。それと同じように、わたしも金融部門を持とうと考えたのだ。

この協同組合はわたしが入所していた「日本青年会議所」でも大いに関心を持ってもらった。日本青年会議所は1951年（昭和26年）に、20歳から40歳までの責任感と情熱をもった青年有志が、よりよい社会づくりを目指し、ボランティアや行政改革などの社会的課題に積極的に取り組んでいくことを目的に設立され、若き実業家がたくさん所属していた。その中には当然、資金に困っているメンバーもいたから、そういった人たちにもお金を貸し出した。貸し出した会社の大半は引っかかることもなく返済してくれた。

この事業は成功というより、社会のお役に立ったと感じている。当時銀行が貸さないような人たちのつなぎ役を我々が果たしたのだ。わたしもその協同組合には私財を投じている。そして相談に乗ってもらった神戸銀行の副社長も「必要ならお金を出しますよ」と言ってくれた。日本の企業が本当にお金を求めていた時代だったから、貸し手として役目を果たすことで日本経済全体がよくなる一助になりたいと思っていたから、その意味では小なりとも公の仕事ができたと思っている。

ゴルフ練習場運営と佐々木更三氏から譲り受けた霊園事業

異業種への挑戦は、わたしの起業家魂を奮い立たせるものだった。卸売市場、外食、ボウリング、ショッピングセンター、マンション、貸しビル、花、金融などに続き、わたしの挑戦した分野がゴルフ練習場。現在、当グループは千葉県酒々井町《しすいまち》で

「ザ・ゴルファン」というゴルフ練習場を運営している。これは今でもなかなか盛況だ。近隣に住むサラリーマンを中心に利用者の裾野は広く、順調な経営ができている。

初心者用にレンタルクラブを用意し、バンカー練習場やアプローチ練習場を完備。一方、更なるレベルアップを目指したい方にはプロのゴルファーがコーチングするスクールも展開しているし、女性や子供向けのプログラムも用意している。実は、このゴルフ練習場は、２００３年（平成15年）に突風（竜巻）による鉄塔崩壊という事故に見舞われた。幸いにも、けが人などは出なかったが、再建費用は巨額なものとなるため、再建すべきか悩んだ。結局、お客様から数多くの要望をいただいたこともあり、再建を果たした。

また、米国を視察した際にＣＡＴＶに大いに可能性を感じ、松戸市でＣＡＴＶをやろうと、米国の大学で1週間ＣＡＴＶについて学んだ。1社単独では、許認可が下りないため、薬局チェーン大手のマツモトキヨシ、地元の松戸公産と共同で松戸ケーブルテレビ株式会社を設立した。その後、商号をコアラＴＶと改め、地元の皆様に親しまれたが、当時ニューメディア事業への進出を目指していた丸紅に当社の持ち株は売

平成26年空撮・公園霊地みやぎ霊園

却した。現在は、株式会社ジュピターテレコム（J・COM）の傘下となっている。
そして今後、注力していきたいビジネスが霊園事業だ。現在、松久グループには「アタラクシア」という公益財団法人があり、宮城県仙台市青葉区で約6万坪の霊園の運営をして約40年が経つ。アタラクシアとは、ギリシャ哲学で、心の平穏・不動のことを表す言葉だ。故人への想いは、人それぞれ違う。その一つひとつの大切な想いに応じてお客様の想いを墓石として形に残していくことが務めだ。この霊園事業は早くから取り組みを始めていた。
今から40年前だから、高速道路も現在のように発達してはいない。最寄り駅からバスで40分かかっていた。ところが、今は東北自動車道ができ、近くにトンネルも完成したため、駅から10分近くで来ることができる。都心をはじめ、関東圏では墓地も足りなくなってきているので、その意味ではわれわれにとっては追い風になっている。

なぜ40年前に霊園事業だったのか。それは日本社会党の委員長を務めた佐々木更三さんの存在がある。仙台出身の佐々木さんはインテリ出身者が多かった日本社会党の中で、東北なまりのズーズー弁で国民に親しまれ、庶民派政治家と言われた人。その佐々木さんがあるとき、わたしのところにやって来たのだ。

ある人の紹介で佐々木さんはやってきたのだが、訪問の目的は佐々木さんの後援者が霊園をやろうと思って工事をしたものの、長くは続かなくなってしまったので、わたしに買い取ってもらえないかというものだった。

佐々木さんは戦後、社会党が結成されるとそれに参画し、宮城県連の結成に力を注ぎ、自民党による与党1党体制に対して、野党第1党として徹底的に抗戦した「55年体制」を生き抜いた人だった。その佐々木さんからの依頼である。佐々木さんのような人がいたからこそ、わたしも経営者として踏ん張ることができた。その佐々木さんの想いを尊重しなければならない。そう考えたわたしは霊園事業を引き受けることにした。

実際、足を運んで自分の目で見たいと思い、東京から汽車に揺れること約5時間。仙台まで行って現地を視察した。その頃はまだ何もない山だったが、「佐々木さんに頼まれたのだからやろう」と決心し、その山を買い取った。愛嬌のある佐々木さんから「よろしくお願いします」と頭を下げられたのを思い出す。霊園の整備に向けて思案していた最中、買い取った土地の一部を買い取らせて欲しいという要望が出てきた。それは国、建設省（現国土交通省）から で高速道路の一部にしたいということだった。

家族のつながりを確認する「墓」

とにかく仙台の霊園は広い土地なので、現在も造成を続けている。場所柄、東日本大震災で被災し、亡くなった方々のお骨を納める場所を求めるご遺族からの依頼が多い。内閣府の監査を受け、霊園許認可の監督官庁である仙台市より、土地の造成の許可をいただきながら拡張をしている。

今後は東北での霊園事業だけでなく、東京都内でも納骨堂を運営しようと考えているところだ。「ニチリョク」や「はせがわ」といった大手企業が既に宗教法人と連携して納骨堂を展開しているが、納骨堂の運営に関する許可は、公益財団法人でもとれる。アタラクシアは公益財団法人だから、宗教法人と連携しなくても納骨堂を運営する許可がとれるのだ。

また、宗教法人は設置されている区域内でしか展開できないが、内閣府所管の公益財団法人であれば監査も可能となり、区域を超えて展開することができるようになっている。東京は「一極集中」と言われるように、人口がどんどん流入している。それだけ需要は見込めるということになる。

わたしは何とかこれを実現させようと動くつもりだ。というのも、たとえどんなに核家族化が進展したとしても、「先祖」というものはつながりを持っている。そのつながりを感じるためにもお墓は不可欠だと思うからだ。先祖を大切にする。先祖とつながっていることに感謝する。そうした想いをわたしたちが汲み取る努力をすべきだと思うのだ。

そこでわれわれは墓石の横にバーコードを付け、携帯電話やスマートフォンでそのバーコードを読み取ると、画面に先祖の写真から経歴など、お墓に眠る方々の情報が全て閲覧できるサービスを開始している。

ご家族でお墓参りをするときに、ご先祖の顔を見ながら家族で故人に想いを馳せることができるようになるのだ。希望する方にはアプリを提供し、どなたでも使うことが可能だ。もちろん、個人情報なので情報の管理は徹底している。だから、関心を示す人は多い。これらはデータとして管理していくので、どんなにデータ量が増えても対応が可能だ。

お墓には先祖のお骨があり、そこにお参りに来たご家族が手を合わせる。平墓地《ひらぼち》の石碑の前で、ご家族が全員集まるきっかけになるはずだ。今自分たちが生かされていることに感謝し、ご先祖に「ありがとう」という気持ちを墓碑に捧げることは、日本人であれば誰でも清々しい気持ちになるのではないか。感謝の気持ちを捧げると共に、いずれ死を迎える自分のメッセージを託すこともできる。

納骨堂も納骨堂の良さはあるが、平墓地も平墓地の良さがある。納骨堂は建物だから、いずれ建て替えなどの必要性が出てくる。これは100年~150年も経てば避けては通れない。もし、建て替えるということになれば、建て替え費用はどう工面するのか、費用を払えない人のためにお骨を合同にするのかなど様々な問題が起こってくるだろう。

それに対し、平墓地は１００年でも２００年でも、あるいは１０００年でも、そのまま残り続ける。徳川家康の墓が栃木県の日光東照宮に今でも残っていることと同じだ。

こういった事業は誰かがやらなければならないと思う。１００年後、子孫は自分たちの祖先をどう捉えるのか。自らのルーツを知りたいときにどうすればいいのか。子孫であるわたしたちはそういったことを勉強する必要があると思うのだ。これは人の生き方、人生観にも関わる話になる。

最近では樹林の中にお骨を埋葬する樹木葬や海にお骨をまく海洋散骨といったものが流行っているようだが、ご家族はその方を拝みたいと思ったときに、一体どこへ行けばいいのだろうか。やはりお墓がないということは淋しい気がする。

19にも上る様々な業種に挑んできたわたしの経営者としての歩みは、その後大きな糧となっていく。どんな事業をやるにせよ、何事も社会が優先するという考え方で進めていかないと、いずれ大きな壁にぶつかることもある。いわゆる社会の協力を得ることが先立たねばならない時代に入ってきていることを忘れてはならない。

第4章

東京商工会議所と共に

永野重雄会頭の思い出

東京商工会議所。1878年（明治11年）年に設立された東京23区内の会員（商工業者）で構成される民間の総合経済団体だ。経営支援活動、政策活動、地域振興活動の三つを柱とし、東商だけでも、2014年（平成26年）会員数約7万7000、予算規模100億円、職員数約400名という日本の経済団体で最大の組織だ。現在日本全国に525の商工会議所があり、その母体となったのは東京商工会議所。そのため、東商会頭と専務理事は日商の会頭、専務理事を兼務することになっている。わたしが東商に入会したのが1967年（昭和42年）。この東商に長年身を置いてきた。当時、36歳。最年少議員としての入会だった。そのわたしも今では在籍48年の最古参になった。現在の三村会頭で8人目の会頭。当時、議員は145人いたが、今ではそのほとんどが亡くなっている。

1969年（昭和44年）に永野重雄さん（当時、富士製鐵（現新日鐵住金）会長）

が東商会頭と日本商工会議所会頭に就任し、日本テレビでの共演で親しくなったことは以前述べた通りだ。その後、永野さんに中曽根康弘さんを紹介した。というのも、中曽根さんは1972年（昭和47年）に第1次田中角栄内閣で通商産業大臣（現経済産業大臣）に就任しており、商工会議所とも関係の深い大臣であったからだ。

そのとき「中小企業等経営改善資金融資制度」、通称「マル経資金」が導入される。中小企業に対して無担保無保証で当時は運転資金50万円、設備資金100万円までを融資するという制度だ。中小企業には大変な好評を呼び、これまでに488万件を超える利用がある。現在では、融資限度額も2000万円に引き上げられ、平成25年度の実績では、利用件数約4万件、融資額1982億円にもなっている。永野さんが中曽根さんとの折衝を重ねて実現した画期的な制度だったと思う。それは40年経った今でも継続していることからも分かる。

このご両人の関係は、その後の日本の政治・経済を運営する上において、制度の根幹づくりを進める原動力となった。

1981年（昭和56年）に発足した「第二臨調（第二次臨時行政調査会）」は、土光敏夫さん（石川島播磨重工業（現IHI）元社長、東芝元社長・会長）の名前から

「土光臨調」と呼ばれたが、このとき中曽根さんは行政管理庁長官を務めていた。中曽根さんは永野さんに土光臨調のメンバーに「商工会議所から1人出して欲しい」と頼んでいた。

それを受けて永野さんが紹介したのが、東商副会頭で伊藤忠商事会長だった瀬島龍三さん。瀬島さんは土光臨調の委員となり、土光さんと表裏一体で力を発揮する。

土光臨調は政治的圧力や官僚の抵抗を受けつつも、田中角栄さんをはじめとした大物政治家の支持を取り付け、財政難が今後続くという中で、経済全体のあり方を考えたとき、「三公社の民営化は絶対不可欠」という結論をまとめ、提言を行ったのである。

それが後に総理大臣となる中曽根さんの日本国有鉄道、日本電信電話公社、日本専売公社のいわゆる三公社民営化につながっていく。

中曽根さんの改革をバックアップしてきた永野さんが1984年（昭和59年）に亡くなった際、中曽根さんは総理大臣だった。わたしは中曽根さんに「葬儀委員長をやって欲しい」と頼み込んだ。実際に、中曽根さんが葬儀委員長を務められ、日本武道館でお別れの会がしめやかに行われた。

このときは永野さんと親しかった今里広記さん（日本精工元社長・会長）ら財界人をはじめ、多くの人が参列し、永野さんの功績と人柄を偲んだ。また、中曽根さんも葬儀委員長として永野さんの功労に報われたのである。

人の縁は大事にしたいものだと、つくづく思っている。こういうことがあった。

２０１３年（平成25年）11月、日本商工会議所（東京商工会議所）会頭に就任したのは、新日鐵住金相談役名誉会長の三村明夫さん。三村さんの会頭就任の議員総会で発言した際、わたしは、まず岡村正前会頭に、三村さんという素晴らしい方を後任に選ばれたご功績に賛辞と感謝を申し上げた。次に中曽根さんと永野さんの関係を紐解き、永野さんの思い出を交えながら、再び新日鐵出身の会頭が誕生した感慨を語った。現在の新日鐵住金の関係者の方々も、このご縁に感慨深いものを感じておられた。

現在でも、三村さんは、中曽根さんが会長を務めている公益財団法人世界平和研究所の副会長を務め、将来性のある若い研究者を表彰・支援する中曽根賞の創設にも中心的役割を果たされている。

東商ではわたしも一生懸命行動した。わたしが各方面に働きかけて実現した政策で、印象深い政策がある。それが中小企業への特別信用保証枠30兆円の創設である。

1997年（平成9年）から98年頃の日本経済では、相次ぐ金融機関の破綻もあって銀行の貸出態度は非常に厳しく、中小企業に対する貸し渋り・貸し剥がしが社会問題となっていた。中小企業の倒産も増加していた。中小企業の倒産は地域社会の崩壊を意味する。そのため、信金・信組といった地域金融機関が懸命に中小企業を支えていた。しかし、信金・信組の力にも限界がある。そこで、私に信金・信組の理事長たちから相談があった。私はそれを受けて、信用保証協会及び政府系金融機関を最大限活用して、この危機を乗り切る手段を講じるべきであると、当時の野中広務自民党幹事長や与謝野馨経済産業大臣に必死に訴えた。ちなみに、野中広務さんは、前述の林田悠紀夫さんの京都府知事の時に、副知事を務めた人。それがこの時には、自民党幹事長となっていたのだ。

30兆円の特別保証枠を設定

当時、法人数６００万社のうち、97％は中小企業。しかも労働人口の78％に当たる４５００万人の雇用を賄っていた。１９９８年（平成10年）は日本が激震に見舞われた年だった。97年には山一證券が経営破綻し、北海道拓殖銀行、三洋証券と金融・証券大手が相次いで破綻。その年はアジア通貨危機も発生し、バブル崩壊後の日本経済の前途に暗雲が垂れ込めていた。

98年になると、日本長期信用銀行、日本債券信用銀行が相次いで破綻。金融危機が深刻になった。窮境に陥ったのは中小企業である。貸し渋りという言葉が氾濫し、資金繰りに困った中小企業が金融機関の貸し渋りによって、いよいよ追いつめられるという状況であった。救いだったのは、野中広務官房長官がリーダーシップを発揮し、政府がこの危機的状態に迅速に対応したこと。政府は20兆円（後に、30兆円）の特別信用保証枠を設定し、機敏に動いた。一定の事由（粉飾決算、大幅債務超過等）に該当しない限り、原則保証承諾を行うという「ネガティブリスト方式」による簡易・迅速な審査による保証を行い、中小企業が保証協会の保証付融資を受けることができた。それで企業倒産の数も減った。これは不況の中での有効な手段であったと思う。

しかし、それからわずか2年で倒産が増え始めて来た。それだけ、バブル崩壊による不況はすさまじかったのである。そこで、わたしは再度、深谷隆司経済産業大臣、亀井静香自民党政調会長に陳情し、当初は3年間の時限立法であった特別信用保証制度を1年間延長し、保証枠も20兆円から30兆円に上乗せとなった。

中には不振の中小企業をつなぎ融資で延命させるのは甘やかしだ、そうやってはいけない、といった意見も出ていた。東商の常議員会でも、中小企業の甘やかし、経営者のモラルハザードとの指摘も出され、常議員会の席上で、熱く議論を戦わせた。わたしはそうした声に対し、甘やかしだなどと無責任なことは言ってくれるな、と反論していた。確かに、一部には「モラルハザード」を起こす経営者も出るかもしれない。しかし、それはほんの一部だ。大多数の中小企業経営者は命がけで戦っている。一部の不心得者に焦点を当てるべきではない、と訴えた。

この特別信用保証制度は、2001年（平成13年）3月末で終了したが、利用件数172万件、保証実績は28兆9000億円に達した。

当時の東商としても、中小企業の資金繰りは最大の懸念材料であった。中小企業の血液である金融が滞れば、企業は死んでしまうため、中小企業の資金のつなぎをしっかりしてもらいたいと主張した。金融危機に際して政府は、大手銀行には公的資金を注入して金融秩序を守ろうとしたが、中小金融機関への対応はこれからだった。実はここに公的資金がどの程度入るかで中小企業への金融は大きく変わってくる。

そしてもう一つ、大きな課題として、中小金融機関が融資する際のマニュアルが都市銀行と同じだったということである。当時の小渕恵三首相は、中小金融機関は７割が赤字の中小企業が相手で、担保は不足していても社長がしっかりしていれば資金は貸すことができるという認識を示しておられたが、事実はそうではなかった。

都市銀行と同じように、中小金融機関も貸出先の中小企業が経営不振に陥って、しかも担保がないとなると融資できないと中小企業に迫っていた。中小金融機関も自らの生き残りのために、ジレンマを抱えており、中小企業は実に厳しい環境に置かれていた。わたしは商工会議所と共に、金融再生委員会委員長（現金融担当大臣）の相沢英之氏に相談、相沢金融再生委員長、金融監督庁（現在の金融庁）の長官・担当官と信金・信組の理事長が直接意見交換する場をセッティングした。その結果、画一的なマニュアルではなく、中小企業融資用の金融検査マニュアルが作成されることにつながった。

信用金庫や信用組合といった中小金融機関は地域に密着した金融機関として、それ相応のマニュアルが求められていた。わたしもこのことを痛感した。その上で金融監督庁などは、この際、日本の金融安定化を図るために、業績不振の会社は早く破綻させて業績が好調な会社を残して健全な金融機関を作るという大義名分を掲げた。国はそれでもいいかもしれないが、中小金融機関を当てにしてきた中小企業は困る。

この大事なポイントを見逃してはいけない。わたしは心底そう思った。社会に求められる技術を磨き、新しいサービスを考え出して、何とか必死に生き抜こうと頑張っている中小企業は数多く存在する。そうした中小企業を相手にしている中小金融機関は生かさなければならないからだ。何かとグローバル企業だけが注目されるアメリカ経済だが、そのアメリカでも１９９０年代のアメリカ経済活性化を支えてきたのはアメリカの中小企業群だった。

その前の１９８０年代、日本はバブル経済も生み、資産価値も急膨張し、日本一つで三つのアメリカが買えると言われるほどだった。そうした現状にアメリカの指導者は大変な危機意識を抱き、金融立国に加え、ＩＴ（情報技術）化を進め、挽回策に乗り出していった。

そういう国家の基本戦略の中で、マイクロソフト、アップル、あるいは近年のグーグル、フェイスブックといったＩＴ関連のグローバル企業が誕生し、成長してきた。こうした一連の経済活性化の流れを作る上で、アメリカのベンチャー企業、中小企業が大いに力を発揮したということである。

起業家精神の発揮が必要なことは、洋の東西を問わず、大変重要なことである。アメリカの開業率、つまり若い企業が誕生する比率が約10％、日本が５％程度ということからみても、いかに彼我の違いがあるかが分かる。アメリカは１９８０年代、日本に後れをとったことに国を挙げて危機感を燃やし、挽回策をそれこそ戦略的に採り始めた。

そして、経営・金融・税制・研究開発と全ての面で見直す「中小企業基本法」を１９８０年代後半に制定した。その結果、若い起業家を輩出するシリコンバレーなどが生まれた。

そこから前述のマイクロソフトやグーグル、アップルなどといった時価総額で世界のトップ10に名を連ねるほどのベンチャー企業がたくさん育った。この基本法が大いにベンチャー企業の創出に役立ったのは論を待たない。

したがって、中小企業対策を思い切ってやることが、日本の産業の大きな発展につながり、日本経済を下支えしている中小企業が活性化する裾野を広げれば、アメリカのマイクロソフトのような企業も育つ可能性がある。中小企業を大企業の系列に入る下請けという捉え方では、もはや日本の成長も考えられなくなっていたのである。

これは今も同じだが、その頃から大企業は安い人件費を求めて海外に工場を作るなど、生産拠点はどんどん海外に移っていた。これはもはや止めようのない時代的な潮流になろうとしていた。「系列」はかつて日本の高度成長を支える基になっていたが、日産自動車を再建したカルロス・ゴーン社長が再建に際して、その「系列」を断ち切り、解消させ、部品購入の門戸を内外に広く求めるなど、新しい動きが登場し始めていた。自動車や電機・エレクトロニクスの組み立てメーカーは、最適値を求めて全世界を対象に価格の安い部品や材料を求めようとしていた。

このように、大企業と中小企業の関係が大きく変わろうとしていた。

金融機関の姿勢はどうであったか——。金融取引の大半が大企業の都市銀行の中でも、三和銀行（現三菱東京ＵＦＪ銀行）や、大和銀行、あさひ銀行（共に現りそな銀行）などの都銀も中小企業向けのリテールを重視すると言ってくれてはいた。しかし、１９９７年（平成９年）のアジア通貨危機に加わっての国内の金融危機が深刻化し、中小企業向け融資に金融機関全般が慎重になり始めていた。貸し渋りという言葉も出始めていた。金融機関にとっては、一定の自己資本比率維持のため、総資産の中で貸出資産の占める比率を小さくする、つまり自己資本比率を維持するという観点から、できるだけ貸し出しを控えるという〝貸し渋り〟現象である。

銀行（金融機関）が融資を行う間接金融がこのような状況であった。そこで見直されてきたのが直接金融である。ベンチャーや会社を設立して間もない若い企業が投資や研究開発に必要な資金を調達する際、銀行に頼らず、株式を上場させたり、社債を発行したりして、直接資本市場から資金を調達する直接金融という手法の登場である。

そこでベンチャー企業などを対象とする東証マザーズやジャスダックといった新設された証券市場が注目されるようになっていた。２０００年前後あたりから、こうした直接金融による資金調達が盛んになろうとしていた。

前述のように、日本の中小企業の問題点は、アメリカに比べて開業率が低いことで、勢いのある会社がなかなか出てこないという点だ。これは昔も今もあまり変わっていない。アメリカの場合、起業して成功したら、株式を公開して創業者利益というキャピタルゲインを得る。その際、税金もあまり高くなく、創業者利益をほぼ手にすることができる。その資金を新たな事業の創出、あるいは新規投資に回すという好循環ができているのだ。

また、そうした起業家やベンチャー経営者を対象に投資するベンチャーキャピタリストという存在がある。資金はなくても社会に大きなインパクトを与える技術を開発した若き起業家に思い切って投資する人たちを〝エンジェル〟と言うが、そういうエンジェルが多数アメリカにはいて、ベンチャー企業を資金面で支えている。こうしたベンチャーキャピタリストも投資先の企業が株式を上場させた場合、多くのキャピタルゲインを手にするという構図である。

一方、日本の現状はどうか。約30年前からニュービジネス協議会などニュービジネス、ベンチャー企業を育てようとする声が日本でも盛んに唱えられ始めたが、こうしたエンジェルが活躍する土壌はまだ少ない。

ベンチャー育成のために日本政府が思い切った育成政策をとれば話は変わるかもしれない。成功したらドライに会社を売ってしまうアメリカと日本は産業の風土が違うから簡単には比較できないかもしれないが、日本にもアメリカのような起業風土を形成する必要はあると思う。

白井十四雄氏と山岡憲一氏からの誘い

わたしは東京商工会議所に入り、多くの先達・先人からいろいろなことを学ばせてもらったし、それはわたしが経営者として歩みを進めていく上で、大変参考にさせてもらった。この東京商工会議所になぜわたしが入会することになったか。それはある２人の方からの助言があったからだ。

そのお二方とは日刊工業新聞社社長だった白井十四雄《としお》さんと東京重機工業（現ＪＵＫＩ）社長の山岡憲一さんである。

白井十四雄氏（日刊工業新聞社提供）

お二人から「あなたは若いし、株式も上場している。将来があるのだから商工会議所に入っていろいろな経営者と交流した方がいい」と言われた。その頃、松久は日刊工業新聞でもよく取り上げてもらっていたし、そのお陰で名も通り始めていた。お二人は「あなたは若いけど、ひとつ頑張って産業界全般を刺激してくれ」と誘っていただいた。

この有難い言葉に感謝をした。そしてわたしは入会を決める。商工会議所でわたしは有力な経済人に触れ合うことができ、戦後、廃墟となった日本を引っ張り上げた経済人の気骨を肌で知ることができることになった。いろいろな会議所内での会議、会合はもちろんのこと、懇親のゴルフ会などにも積極的に参加した。ゴルフが終わった後のお風呂では、まさに裸の関係を築いていくことができた。わたしが先輩の背中を流そうとすると、

山岡憲一氏

「いいよ、神谷君。君も社長なんだから」

「いやいや、先輩とは親子ほどの年の差があるんです。是非やらせてください」

「そうかい。じゃあ、お願いしようかな」

まるで親と子が一緒に湯船に浸かるような雰囲気の中で、非常に深い人間関係を築くきっかけになった。次にその方と会うと、「やあ、元気かい?」という挨拶から始まって、言わず語らずに理解し合える人間関係へとつながっていった。

「ＳＥＩＫＯ」の時計で有名な「服部時計店（現セイコーホールディングス）」でも、服部正次さん、謙太郎さん、禮次郎さんや「とらやの羊羹」で知られる「虎屋」でも日本青年会議所の初代会長を務めた黒川光朝《みつとも》さん、今の黒川光博さんなど、歴史ある企業とは先代、先々代からのお付き合いという議員企業も多い。

その頃の時代をときめく大物経済人と知り合うことができたことで、わたしの交友関係も格段に広がりを見せるようになる。わたしから「お会いしたい」と言えば、「おお、いいよ。いつでも来なさい」と言ってもらえるようになってきた。

会頭の永野重雄さんとはゴルフと麻雀《マージャン》をよくご一緒した。メンバーには永野さんとわたしの中間の年頃の人間ということで、「佐々木硝子（現東洋佐々木ガラス）」の社長で東商の副会頭だった佐々木秀一《ひでいち》さんが入り、３人でよくゴルフをした。永野さんは神奈川県の箱根にあるゴルフ場「箱根カントリー倶楽部」の理事長にも就いておられ、そこによく出かけた。箱根カントリークラブの近くに富士製鐵の寮や永野さんの別荘があったのだ。

永野さんの奥さまも麻雀に加わり、別荘はまるで麻雀大会。わたしは決して麻雀が強くない。打ち出すと最後は必ずと言っていいほど、わたしが負けてしまう。そうすると、永野さんは子供のように喜んで「いやいや、勝った。今日は勝ったぞ」と言って喜びを体で表現していた。わたしと永野さんはそんな関係で、その間を佐々木さんが取り持ってくれていたのだ。

石川六郎会頭時代に「エイズ問題」と向き合って

永野重雄さんは北方領土の返還運動にも力を入れており、北方領土返還の歌『～日本人の願い北方領土返還の歌～歳月の祈り』をよく歌っておられた。その永野さんは健たん家で、エネルギッシュな財界人であった。永野さんの行きつけの東京・銀座のクラブ「エスポワール」では、着席すると、すぐにバナナを注文し、バナナを食べておられた。そうやってくつろいでいると、いろいろな財界人がやってきて、談笑の輪が広がる。

例えば、日本精工社長、会長を務められた今里廣記さんが入ってくると、永野さんの姿を見つけた今里さんが「永野さん、永野さん」と言って近寄ってくる。今里さんは後に永野さんと並んで資源派財界人と言われ、石油、天然ガスなどの開発・輸入などに大きく貢献されることになる。その今里さんが「兄貴、兄貴」と言って、親交を深めておられたのが永野さんである。

また、永野会頭時代に本田技研工業（ホンダ）の創業者である本田宗一郎さんが東商の工業部会長になられた。わたしが本田さんの下で分科会長を務め、本田さんとも親しくさせていただいた。永野さんの後を受けて日商会頭に就任した東京急行電鉄社長の五島昇さんの時代にも、本田さんは副会頭を務めていた。

本田さんは五島さんより10歳年上。本田さんは茶目っ気なお人柄で、よくジョークを飛ばされて周囲の空気を和ませておられた。その副会頭の本田さんが会頭の五島さんのことを「坊ちゃん、坊ちゃん」と呼んでいた姿は一つも失礼ではなく、ユーモラスな表現として東商全体に受け入れられていた。それだけお互いが親しく気さくに交流していたということである。

本田さんとも仲良くしていたこともあって、それ以来、ホンダからは必ず商工会議所に副会頭を出している。２代目社長の河島喜好《きよし》さんをはじめ、川本信彦さん、吉野浩行さん、そして現在は同社特別顧問の福井威夫さん。

この中でも川本さんはわたしと馬が合った。あるとき、川本さんは中小企業が集まる商工会議所なのだから、会議所は神谷さんをもっと処遇すべきだよと言ってくれた。わたしとしては、ここまでわたしのことを思ってくれる人と出会えたことは嬉しい限りだ。川本さんとの縁も本田さんがいたからこそだと思う。

わたしが尊敬もし、懸命に支えた会頭の一人に石川六郎さん（当時、鹿島建設会長）がいる。1987年（昭和62年）、病気で退任することになった五島さんからの強い推薦を受けて日商会頭（東商会頭）に就任する。石川さんは本拠地・鹿島建設の創業一族で鹿島の中興の祖・鹿島守之助の娘婿であり、オーナー社長に近いリーダーシップを振るう人だった。

この石川さんとわたしは東商で今までになかった活動に取り組むことになる。エイズ問題である。エイズは1981年（昭和56年）にアメリカで初めて患者が報告され、世界中がエイズに震撼し始めていた。

そして日本でも日本人初のエイズ患者が見つかった。それが1985年（昭和60年）のことだった。その頃、エイズは男性の同性愛者や麻薬中毒患者の間で感染する難病だと言われていたが、それが日本でも発症者が出たとしてパニックになっていた。

長野県松本市にフィリピンから出稼ぎに来ていた女性の感染者や日本人初の女性の感染者が出てくると、公衆浴場で断られたり、スーパーや百貨店も入店を拒否する。病院までが診察を拒否するといった事態も起きていた。

エイズ騒動が日本で高まり、国中が不安に覆われていた。わたしはまず若い人たちに正確な知識を普及させ、そして予防することを最優先に取り組むべきだと考えた。そこでわたしは会頭の石川さんに東京商工会議所でも、この問題を真正面から扱おうではありませんかと提案したのである。

話し込んでいるうちに、石川さんは「よし、やろう。では神谷さんに座長をやってもらえますか」と言われた。こういう経緯でわたしが東京商工会議所「エイズ問題懇談会」の座長になった。副座長には、ファッションデザイナーの森英恵さんにお願いした。と、ここまでは良かったが、東商内でその旨が周知されると、他の議員から反発の声が上がり始めた。

「これは東商の扱う議題ではない！　エイズは性行為で

石川六郎氏

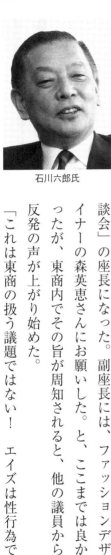

感染するという話だ。こんな問題を商工会議所がやるものではない！」

大反対の大合唱である。誰もが関わりたくない取り組みだったのだ。しかし、わたしはそんなことを言っている場合ではないという考えをますます強めた。

若い人たちはどんどん海外に出て活動している。仕事での駐在先、あるいは出張先でいろいろな人に接触することがあるだろう。仕事をしていて、そのときに病気にかかったらどうするのか。予防知識を持っていなければ防ぐこともできず、企業も若い優秀な人材を失ってしまうことになる。

当時の新聞・テレビなどのメディアでは、エイズに感染したら死んでしまうと報道されていた。罹る可能性が最も高いのが性行為からの感染。産業界では商社をはじめ、あらゆる業種の企業が優秀で若い社員を海外出張や海外駐在に出している。

このままでは日本の経済にも大きな影響が出てしまう。だからわたしは反対を言う人たちに対し、「優秀な人材が海外出張に行ったり、海外で活躍している。経済に関係があるのは当たり前だ！　何を言っているのか！　これは真正面から取り組むべき問題だ！」と訴えた。認識を改めてもらう必要があると思っていたからだ。

エイズの現実を目の当たりにしたのはアメリカへの住宅視察のときであった。視察の期間中、俳優のロック・ハドソンの自宅を訪ねたのだ。彼は１９８５年（昭和60年）にエイズを発症し、同年に他界した。その後、ハドソンの邸宅は転売されることなく、そのまま残っていた。理由はエイズである。

要はエイズ感染者であったハドソンの家に住めば、エイズに罹るという風評被害にさらされていたのだ。「これは大変なことになる」。わたしは直感した。ここでエイズに対する問題意識が深まっていったのである。

イギリス出身でアメリカの名女優、エリザベス・テイラーさんも、エイズ問題で社会を啓発する運動にかかわっていた。そのようにエイズ問題は社会問題化していた。いずれにせよ、わたしはエイズが大変脅威であり、アメリカはもちろん、タイなどのアジア、さらにはアフリカでも感染者が増え、亡くなる人も増え続けていることに危機感を募らせずにはいられなかった。だからこそ、エイズ問題は他人事ではなかったのだ。

「第10回国際エイズ会議」とエリザベス・テイラーさん

アメリカでの視察を経て、エイズ問題を何とか解決していかないといけない。そう思ったわたしは会頭の石川さんに掛け合った。石川さんはわたしの意図を理解してくれたようで、すぐにゴーサインを出してくれた。その後、わたしは一からエイズを猛勉強した。どういう病気なのか。どんな症状になるのか。どこからうつるのか。各病院を訪ねて専門の医師に詳しく話を聞いたり、日夜エイズの勉強に明け暮れたのだ。

しばらくして気がつくと、わたしが医師団体の会合でエイズについての講師を務めるまでになった。商工会議所の活動に懸命に取り組んできたわたしだが、とにかく産業界にそういった危機意識を作らなければならない。わたしはその一心で、ひたすら活動を続けたのである。

そうした草の根活動の成果もあって、テレビや雑誌などから出演の依頼をたくさんいただいた。また、小説家で天台宗の尼僧である瀬戸内寂聴さんをはじめ、テレビキ

チャリティ晩さん会にて、エリザベス・テイラーさん（前列左）と筆者（後列右）。前列右は前田富夫・東京電波塔社長（当時）。後列左から林康子、岡田真澄、森英恵の各氏

ャスターの野中ともよさん、ジャーナリストの櫻井よしこさん……。こういった方々とエイズ問題について対談も持った。経済人がエイズについて自らの考えを披露する。そういった人は他にいなかったのだ。

この活動はその後も地道に続けた。ところが、なかなか正しい理解が広まることはなかった。１９９４年（平成６年）、横浜で「第10回国際エイズ会議」が開催されたのだが、そこで感染を恐れる人たちの冷ややかな行動が問題になった。

エイズの患者がトイレに入ったら病気が感染すると懸念して、ホテルがエ

イズ患者の宿泊を断るという出来事まで起こったのだ。まだまだエイズに対する認識が薄く、根も葉もない噂が飛び交っていた。

実はこのエイズ会議を行うに当たり、わたしは厚生省（現厚生労働省）から資金工面を頼まれていた。わたしが東商の議員をはじめ各方面から寄付を募って集めたお金は４０００万円相当。当初反対していた議員も「君がそれほどやるなら」と言って奉仕してくれたのだ。その全額を厚生省に寄付した。会議閉幕後、しばらくして厚生大臣から感謝状を贈られたことは身に余る光栄だった。これも石川さんが理解を示してくれなければ実現できなかったことだと思う。

エイズ問題に関して印象的だったことは、先ほど紹介した女優、エリザベス・テイラーさんと一緒にエイズ撲滅運動に取り組んだことだ。テイラーさんは１９８０年代半ばからエイズ撲滅運動を支持し、１９８５年（昭和60年）、「米国エイズ研究財団（ａｍｆＡＲ）」の創設メンバーの一人となっていた。さらに、１９９１年（平成３年）には自らが旗振り役となって「エリザベス・テイラー・エイズ財団」も設立していたのだ。

日本の東商ではわたしがエイズ問題の座長だったから、テイラーさんと共催して東京でエイズのチャリティ晩餐会を開催したこともある。日本ではわたしが10万円のパーティー券を500枚販売。瞬く間に売り切れた。岡田真澄さんに司会をお願いし、三輪明宏さんに歌を披露してもらえたことは嬉しかった。やはりテイラーさんは世界で大活躍した大女優さんだったから、彼女が取り組むエイズ問題に関して社会の関心も高まっていたのだ。

当日、テイラーさんはジェット機を自ら貸し切って来日。ボディガードをつけて日本を訪れた姿は今でも鮮明に覚えている。彼女の功績が讃えられて、1993年（平成5年）には米国映画芸術科学アカデミーのジーン・ハーショルト友愛賞を受賞、2011年（平成23年）の死去後にはエイズ撲滅に対する継続的な努力が評価され、「アワード・オブ・カーリッジ」も受賞されている。

そしてもう一つ、石川さんと取り組んだ印象的なイベントが1995年（平成7年）に「東京ドーム」で開催された初の会員大会「商工会議所制度発祥120周年記念式典」である。石川さんが開催を決めて、わたしが動員担当の専門委員長を取り仕切った。

これには裏話がある。本来であれば石川会頭時代に120周年式典を行おうと進めていたのだが、予期せぬ事態が起こってしまったのだ。ゼネコンを巡るヤミ献金疑惑が浮上したのである。そういう問題も起きる中、石川さんは会頭を辞された。

結局、120周年式典は稲葉興作さん（石川島播磨重工業（現ＩＨＩ）社長、会長）の会頭時代に行われた。そのとき石川さんは名誉会頭だった。もし、この騒動がなければ今までの東商では手の付けなかった衛生問題にまで踏み込んだ会頭として歴史に名を刻《きざ》まれたことであろう。経済問題以外で経団連でも経済同友会でも手を付けなかった問題に東商が大々的に取り組んだことは、とても画期的なことだった。

少子化対策への提言

東商としてエイズ問題に取り組んでいた当時、『職場とエイズ』という小冊子を発行、職場におけるエイズ教育、万一職場でエイズ感染者が発生した場合の対応策などを記した。その刊行に合わせて、コンドームを模したデザインのポスターを作って東京・丸の内の東京商工会議所ビルにあるエレベーターの前に張り、議員企業にも自社に張るように依頼を出した。「そんなことまでするか……」。みんな呆れ返っていたことが思い出される。

エイズ問題の取り組みは日本国内に留まらなかった。米国や欧州、東南アジア、オーストラリアなどに視察に出掛け、各国のエイズ感染者の状況や対応などを報告書に取りまとめて、提言も行った。また、石川さんと「アセアン経済視察団」に同行。フィリピン、タイ、インドネシア、シンガポールと回り、各国の経済界と懇談会を重ねた。視察団のメンバーには、当時の副会頭でソニー会長の大賀典雄さんがいたのだが、大賀さんが懇談会の席で「今日ここにいる神谷さんはエイズ問題に取り組む東商の懇談会座長で、エイズ問題の大家です」と紹介してくれた。

今、ＡＳＥＡＮ（アセアン、東南アジア諸国連合、10カ国が加盟）は、成長著しい地域だが、当時の東南アジア諸国はまだ発展途上国とされていた国々。経済的には厳しく、何より国民を豊かにしようと経済成長を第一に掲げていた。だから、エイズのような衛生問題は、まだ国民的政策課題として取り上げられていなかった。

大賀さんの話を聞いたアジアの経済人は「そんな対応をしているのですか」と感心した表情を浮かべていた。「さすが日本は先進国だ。そういった話も経済人はするのですね」。彼らからすれば、日本はそういった国民にまつわる問題も商工会議所レベルで自分たちの課題として扱う国なのだと思いを新たにしたようだ。東商がエイズ問題に取り組んでいることは、地元の新聞でも驚きと称賛をもって報じられた。

また、同時期の１９９５年（平成7年）、わたしは少子化問題を考える懇談会を創設し、座長を引き受けることになった。人口減少の流れの中で、少子高齢化にどう対応するかといったテーマがようやく20年前ほどから国民の間でも取り上げられようとしていた。

そこでわたしは世界各国を視察することを考えた。特に欧州が少子高齢化をうまく克服しているというではないか。それを聞きつけたわたしは北欧から入って欧州各国をくまなく見て来ることにしたのである。その中で参考になったのがフランスだ。

その頃フランスでは出生率が１・４にまで落ち込んだが、２・０くらいにまで改善していた。なぜ改善できたのか。その理由は事実婚だった。フランスでは結婚はしないけれども、事実婚をする人たちも社会的に認められている。日本では男女が結婚して、子供をつくり、家族をつくっていくという中で、教育をはじめ、医療、年金などの社会保障までの制度設計がなされている。そのため、事実婚のカップルやその間に生まれた子供たちにとっては暮らしにくい状況になっている。

ところがフランスでは事実婚を認めていたので、交際を始めた男性と馬が合わなければ、別の男性を選ぶことができたのである。事実婚が社会的に認められており、社会保障の恩恵も同等に受けられ、成人までの養育義務などが制度化されている。その結果、子供の数も増えていった。女性は20代～30代の子供が産める時期に別の男性と結婚したり、事実婚のパートナーを選んでいったりする。男性も同様の生き方ができる。それで少子化問題を解決させていたのである。

社会通念が日本とフランスでは異なるので、一気にフランスの真似はできないが、一つの参考例がフランスの事実婚を社会的に認めるかどうかというテーマである。

事実婚を考える

実際、事実婚を日本で認めるかどうかは大変難しい。日本は島国で神道や仏教を基に独自の文化、風俗をつくりあげてきた。江戸期は武家社会を中心に儒学が規範として取り入れられ、勤勉、勤労が生き方の基本として発展してきた国であり社会である。

社会風俗、道徳観念はそれぞれの国ごとに違う。確かに日本でも事実婚、同棲も増えているが、フランスのような事実婚を大っぴらに社会的に認めるかどうかとなると、まだアレルギー反応が大きい。ただ、現在の安倍晋三政権の下で女性の活用が謳われ、女性の社会進出をもっと拡大していかなくてはいけなくなっている。

もしかしたら日本もフランスのような道を歩むことになるかもしれない。事実婚を認めることで社会的に子供の数は飛躍的に増えることになるだろう。したがって、事実婚をどのように認めさせるかを含めて、少子化対策でいろいろな知恵や工夫が求められている。

わたしは今、東商特別顧問として、少子化対策のための提言を出しているところである。

国立社会保障・人口問題研究所の調査によれば、日本の将来人口は長期の減少過程に入り、2026年には1億2000万人を下回ると試算されている。さらに2048年には1億人を割って9913万人、2060年には8674万人にまで落ち込むと予測されているのだ。また、15歳未満の人口は１９８２年（昭和57年）から32年連続で減少しており、２０１３年（平成25年）は１６４９万人と、前年より15万人減少している。

この大幅な人口減少には、過疎化に悩む地方自治体も大きな危機感を抱いており、全国知事会も安倍首相に対し、「このままでは地方は疲弊する」と緊急提言を行っている。少子化による人口の減少、特に若年層の減少は、慢性的な労働力の不足や国内需要の縮小を招くなど、産業界にとっても大変な問題となる。

わたしはかねてより、この問題に警鐘を鳴らしてきた。出生率の改善に成功したスウェーデン、フランス、イギリス各国の視察を行うなどして、少子化に対する提言を取りまとめてきたのである。欧州各国では、例えば事実婚が社会的に受け入れられており、それが出生率の改善にも大きく寄与している。

日本でも、事実婚の是非を含め、大胆な政策を取り上げるべきだと提言してきた。しかし、日本では事実婚を受け入れるには、制度設計の手直しも伴うため、相当な努力と期間が必要で、かなり難しい問題であることは事実。20年が経過した現在でも有効な手立ては打てていないのが現状である。

それにしても、なぜ日本は人口減少がこれほど早いピッチで進むのか?

わたしは、この問題の最大の原因は晩婚化と経済的な理由が大きいと考えている。現在、婚姻の平均年齢を見てみると、男性32・4歳、女性30・1歳。30歳を過ぎてから出産し、子育てをしようとすれば、どうしても子供の数は少なくなる。逆に、体力が旺盛な20代前半のうちに第1子を出産すれば、第2子、第3子を産む確率は大きく高まるのではないだろうか。

また、経済的側面で見ると、日本では20代の前半は所得が低い。どうしても自分たちの生活に一杯いっぱいになる。また、若者のライフスタイルは多様化し、大きく変化している。そのライフスタイルを変えてまで結婚や子育てというところに行かないのだ。

これまでは、パラサイト(寄生)という言葉があるように、両親の家にいつまでも世話になったり、場合によっては祖父母の援助も期待できた。しかし、年々核家族化も進展し、一人住まいの若者も増え、パート、アルバイトでやっと日々の暮らしをしている若者も少なくない。

団塊の世代以下の層では、自分たちの子供を抱え込む余裕もない人たちが多くなるとも言われ、そうなると社会的不安にもつながってくる。１９９６年（平成８年）初頭にバブル経済がはじけ、日本は「失われた20年」という経済の低迷期を迎えた。１９９０年代後半からデフレ経済に入り、社会からも前向き機運が失われていった。こういう状況下、若者の晩婚化や未婚化が加速することになっているのだ。

第2子は企業、第3子は国が支援を提案

これまでの少子化政策は、保育所や育児休業制度の充実などを中心に打たれてきた。しかし、これは全て既に結婚・出産している層への対策だ。もちろん、こうした対策の充実や整備も必要だが、20代前半の若者が結婚・出産を早いうちから望むような政策を充実しなければ、この問題を解決することはできない。それには結婚・出産に対する経済的負担を軽減し、若者が自分の生き方やライフスタイルを大幅に変更しなくても、結婚・子育てができるような環境を整えていかなければならない。

そこで、わたしは企業と国が一体となり、この問題に取り組むことを提言してい

る。具体的に言えば、第2子に対しては企業が月額5万円、第3子に対しては国が月額10万円の子育て費用を中学卒業までの15年間支給するようにしてはどうだろうか。

企業や国が負担する補助額は、第2子の年間60万円と第3子の年間120万円を合わせた180万円となる。仮に夫婦で年収400万円だとしても、年間180万円の補助を受けることができれば、年間収入は580万円となり、経済的な不安を気にせずに、結婚・出産・子育てに意欲を持つことができる。また、3人まで子供をつくる意欲も上がり、出生率の上昇にも大きく寄与すると思われる。

多様化している今日の社会の中、これだけで全てが解決するわけではないが、少なくとも経済的な理由で結婚に躊躇している若年層の背中を押すことにはつながるはずだ。また、同じ理由で2人目、3人目の子供をつくることを躊躇している人たちなど、既婚者の出生率を引き上げることもできるのではないだろうか。

そうなると、企業と国の財源の確保が最大の問題となる。これは、企業についてはその費用相当額を税額控除方式にして税から控除できるようにすれば負担は軽減される。また、国の財源については少子化対策のための寄付金制度などを設け、寄付については相続税・所得税の免税処置を講じ、問題意識を持ってゆとりのある国民層の負担をお願いする。あるいは、無利子国債で相続税などを非課税とする子供特別国債を発行するなど、思い切った財源措置を講じてみてはどうであろうか。知恵はいくらでもある。

支給額についても、所得制限を設けて、所得の増加に応じて補助額を減額するような仕組みを作る必要もある。例えば、夫婦で年収４００万円までの層には満額の年間１８０万円を支給し、年収４００万円～５００万円は半額の年間90万円を支給する。そして、年収５００万円以上は３分の１の60万円にするなどすれば（現実にはもっと細かい分類が必要だろう）、負担も大きく軽減されるのではないかと思う。

いずれにせよ、このままのペースで少子化が進行すれば、社会のあらゆる部分が破綻する。年金制度や健康保険制度などの社会保障制度の維持も困難となるかもしれない。また、地方の過疎化は加速し、消滅する自治体も数多く発生すると言われている。労働力不足や消費の低下などにより国力も落ち、中国をはじめとする新興国との地位も逆転してしまうことにもなりかねない。日本が2等国、３等国になってしまうのだ。

国の借金など「子や孫に負担を残すな」などと言われるが、少子化の問題は、より子や孫の代に大きな負担を残すことになる。また、人口減少を解決するため、移民の受け入れも取り沙汰されているが、日本の国民性や社会的風土を考慮すると、大規模な移民が馴染み、またそうした多数の移民をスムーズに受け入れられる国民的合意が実現しているとは到底思えない。

第2子に月額5万円、第3子に月額10万円を支給するという案は、大きな費用負担も伴うだけに、一見、突拍子もない案に見えるかもしれない。しかし、少子化に歯止めがかからなければ、将来にはもっと大きな負担を強いられる可能性があるということである。また、これくらいの大胆な政策を実行しなければ、事態が前向きに動き出すことができない性質の課題でもある。少子化問題は一朝一夕で解決するものではない。20年、30年のレンジで動く問題だからこそ、今、危機感と緊張感をもって行動していかないといけないと思う。それだけ日本にとっては切実にして深刻なテーマだということである。

わたしはこのような認識をもって行動し、提言し始めている。また、商工会議所の議員総会でも、声を大にして言っている。現在、会頭の三村明夫さん（新日鐵住金相談役名誉会長）は２０１４年（平成26年）１月に「経済財政諮問会議」において設置された「『選択する未来』委員会」の会長を務めている。だから、わたしも三村さんにこの提言を伝えているところだ。議員総会では必ず会議の最後にわたしがこういったことを発言する機会がある。そこでは遠慮なく自分の考えていることを言うようにしている。誰かがやらなければならないし、そういう時代認識と使命感をもって行動し、発言しているつもりである。

三村明夫氏

東京商工会議所120周年記念式典

さて話が前後するが、120周年式典に話を戻す。この記念すべき年に東商の会員数は10万人を達成した。これだけの会員が集まり、商工会議所の活動を盛り上げようとしてくださっているし、歴史的にも記念すべき式典である。

1878年（明治11年）、日本資本主義の生みの親と言われる渋沢栄一らの手により東京商工会議所が設立され、明治以降の日本の近代化、経済発展に商工会議所の果たした役割は大きい。商工会議所の関係者の努力で、120周年記念式典に天皇皇后両陛下のご臨席を賜ることになった。

わたしもその下準備で動いた。天皇皇后両陛下のご臨席に加え、立法権の長である衆議院議長と参議院議長、行政権の長である内閣総理大臣、司法権の長である最高裁判所長官の「三権の長」にも足を運んでいただこうと閃いたのだ。わたしは中曽根さんに相談をした。当時の中曽根さんは首相を務め上げ、宮内庁長官は厚生省出身で環境事務次官を務めた藤森昭一さんだった。

わたしは中曽根さんに商工会議所120周年式典の意義を説明し、経済活性化のため、経済人が力を合わせていくときですと話をさせてもらった。すると、中曽根さんが藤森さんに「今から神谷が行く。商工会議所の120周年式典に天皇皇后両陛下にご出席をいただきたいと要請に行くから、よく聞いてやってくれ」と言ってくれた。

藤森さんは中曽根さんが首相になったとき、官房副長官に抜擢されるほど中曽根さんが頼りにする人物だったのだ。中曽根さんからの紹介で藤森さんに会うと、わたしはこう言った。

「東京商工会議所の１２０周年式典をやりたいのです。是非ともこの記念すべき式典に天皇皇后両陛下にご臨席を賜れないでしょうか」

すると、藤森さんは複雑な表情をしながらこう返してきた。

「事情は分かりました。ただ商工会議所の式典に天皇陛下がご臨席するということは今まで一度もありません。渋沢栄一さんの時代でさえ、明治天皇も大正天皇もご臨席になっていません」

実は、１００周年の際に、日本商工会議所は国立競技場で「日本全国ふるさと祭り」を開催。北から南まで郷土色あふれる祭りが集まった。その際には、昭和天皇にもご観覧いただいたのだが、式典のようなものへのご臨席は前例がなかったのだ。

こういう事情の中で、わたしは「東京商工会議所は中小企業が約10万会員で成り立っています。雇用の面や大企業をはじめ、取引先との関係で日本の産業界の裾野を支える大事な役割を全うしようと頑張っています。これで天皇皇后両陛下にご臨席いただいて、労いのお言葉を頂戴したら、どれだけの中小企業の経営者たちが励まされるか。よろしくお願い申し上げます」と訴えた。

いろいろなやり取りの中で、藤森さんは「中小企業のみなさんが縁の下の力持ちで努力しておられることは事実ですし、よく分かりました。関係者とも十分に協議してみます」と最後は言って下さった。

藤森さんには感謝した。藤森さんにしてみても、両陛下の周辺の了解を得るという大仕事がある。いくら宮内庁長官といえども、自らの権限だけで全てを動かせるわけではない。藤森さんの尽力は容易に想像できた。それから1週間後、藤森さんから「神谷さん、ご臨席が可能になりました」という報告が来た。

これで商工会議所の関係者や中小企業の経営者が元気になると思うと、大感激であった。わたしは早速、東商専務理事の谷村昭一さんに連絡し、式典開催に向けた打ち合わせに入っていった。

阪神・淡路大震災で開催が危ぶまれる

120周年式典の開催日が1995年（平成7年）3月4日に決まり、事務局内も次第に慌ただしさを増していった。そんな中、日本を震撼させる大災害が起こった。

1月17日未明に発生した阪神・淡路大震災である。神戸、西宮など兵庫県を中心に壊滅的な被害を被り、多くの死傷者が出たのである。これだけの激甚災害が起きたのに、その2カ月後に記念式典という祝い事をしてもいいのだろうか。無論、天皇皇后両陛下のご臨席が実現できるかどうかも心配になった。

3月4日に式典の日取りが決まったのは、当時の東京ドーム社長・保坂誠さんが東商の議員で、「野球の試合もないし、3月の初めなら大きな催しはない。空いているから安く貸せますよ」という好意があったからだった。紆余曲折を経ながら、大震災からの復興へ向けて、全国民が頑張ろうという空気が次第に盛り上がって来ていた。120周年式典も予定通り開催ということで関係者も準備に力をこめていった。そして、式典当日の3月4日が来た。

天皇皇后両陛下には予定通り、ご臨席賜ることになった。会場の準備も万端整い、わたしたちは厳粛な気持ちでその日の朝を迎えた。天皇皇后両陛下がお越しになるということで、10万人の東商会員の中で出席した約2万8000人の中小企業の経営者たちも感慨深い様子で会場を埋め尽くしていた。

天皇皇后両陛下をはじめ、来賓として時の内閣総理大臣である村山富市さんをはじ

天皇皇后両陛下ご臨席により行われた東京商工会議所120周年にて祝辞を述べる神谷氏（上)。下は閉会の辞

め、通産大臣（現経済産業大臣）の橋本龍太郎さん、それから衆参両院議長、最高裁判所長官の三権の長にもご出席していただいた。天皇陛下のお言葉を賜り、村山富市内閣総理大臣、橋本龍太郎通産大臣の祝辞に続き、稲葉会頭、小林敦（ライオン会長、東商副会頭）大会会長、そして私が挨拶した。

様々な余興も開催され、会員にも喜んでもらい、盛況だった。わたしも式典のために必死で行動して来たので非常に嬉しかった。こうして記念式典は成功裏に終えた。

今思うと、式典が開催された１９９５年（平成７年）は大変な激動の年であった。まず阪神・淡路大震災が起きたこと。それから約２カ月後の式典開催ということで、開催するかどうかを含め、内部で議論してきたし、逆に大震災からの復興を早く進めるためにも、日本に活力を与える一つの催事にしていこうと関係者全員が燃えたこと。そして無事、式典を開き、終えることができた。

しかし、この式典開催の17日後、今度は東京で大事件が起こる。地下鉄サリン事件である。首都圏の治安に打撃を与え、被害者を多数出した地下鉄サリン事件。そのサリン事件が、さすがに震災直後に起こっていたら、式典は中止になっていたことだろう。

そのサリン事件発生の第一報はカンボジア滞在中に耳にした。そのときわたしは国連カンボジア暫定統治機構事務総長特別代表を務め、国連事務総長特別顧問だった明石康さんから頼まれて、「東商訪カンボジア経済ミッション」という経済視察団の団長としてカンボジアを訪問していたのだ。明石さんは国連の代表として、内戦が収拾したことを受け、「カンボジア」の復興に尽力されていた。

明石さんはコーセー化粧品の創業者・小林孝三郎さんの娘さんと結婚しておられた。そうした縁もあって、明石さんの義兄でコーセー化粧品社長の小林禮次郎さんからわたしに電話がかかってきた。

「明石さんがカンボジアの件で困っている。神谷さん、ひとつ、商工会議所で手伝ってくれませんか」。ＡＮＪ新経営者クラブなどでも、お互いに日頃から親交を深めている小林さんからの要望だ。わたしは「分かりました」と答えた。ところが、商工会議所に正式に話を上げてみると、返ってきた反応は芳しくなかった。

カンボジアでサリン事件の第一報

東商加盟の大企業トップからは「現状では、カンボジアは足を踏み入れてはいけない国になっている」「内戦や混乱で身の危険がありますよ」「誰も足を踏み入れられないのが現状」といった反応ばかり。大企業の関係者は誰も行こうとはしない。無論、大企業から団長を出すこともできない。そこで商工会議所内から「神谷さんしかいないのではありませんか」といった声が出始める。

大企業のトップが行くのをためらうということであれば仕方がない。「分かりました。わたしが引き受けます」と訪問団の団長を引き受けることにした。しかし、これで黙っているわけにはいかない。大企業の関係者にも片っ端から電話をした。「社長や会長の参加が無理なのは分かりました。それであるならば、せめて常務やそれ以下のクラスの人でもいいから、ぜひ派遣して欲しい」というわたしの懇願をみなさんが受け入れてくれて、伊藤忠商事や東芝など、日本を代表する大手企業も人を派遣して

1995年の東商によるカンボジア経済視察。ラナリット・カンボジア第1首相と

くれることになった。

わたしは代表団の団長として、カンボジアに視察に赴き、シアヌーク国王の次男ラナリット第1首相と懇談することになった。地下鉄サリン事件のことが話題になったのはラナリット第1首相との懇談の席だ。

「首相、あなたの国ではもうポル・ポト派の問題は収まったのですか?」――。

カンボジアは一時期、政権を握ったポル・ポト派が多くの国民を虐殺し、国が大混乱に陥った。そうした苦境から立ち上がろうとしていた時期であり、それをわたしはまず問いかけたのである。

その質問を遮るように、ラナリット第

1首相は次のように口を切った。

「もちろん大丈夫です。それより日本の方が危ないのではありませんか？」

何を言っているのだろう――。わたしは彼の言葉を聞いて戸惑った。

「日本で大きな事件が起きましたよ」とラナリット第1首相。

すぐに代表団の関係者が日本に問い合わせると、東京の地下鉄駅構内でテロが起きたというではないか。首相からは日本の方が危ないのではないかと言われ、「知らないのですか」と尋ねられたときに困惑したことを覚えている。

何の話か分からず、事情がのみこめなかったのだから、当然である。わたしは首相との懇談の前には、有名な遺跡の「アンコール・ワット」も訪ねていた。そのアンコール・ワット周辺でも、ポル・ポト派の残党がうごめいているとも言われていた。まだ国内治安も完全に十分ではない状況下でのカンボジア訪問であったが、同国の人たちから喜ばれたことは身に余る光栄だった。地下鉄サリン事件と時期が重なった出来事だっただけに、今でも鮮明に当時のことが思い出される。

東商のベトナム視察団を支えた渡辺美智雄・元外務大臣

ちなみに視察団はカンボジアの前にベトナムも訪問している。石川会頭時代のことである。ベトナム訪問のきっかけは当時の外務大臣だった渡辺美智雄さんからの要請もあっての訪問団結成であった。渡辺さんがベトナムの総書記から、「自分たちの国は安定し、これから経済発展を目指していく。日本企業もベトナムに投資して欲しい」という要請を受けていた。

当時は、ベトナムはドイモイ政策（経済刷新政策）を立ち上げ、長いベトナム戦争による痛手から立ち直り、力強く経済成長を図ろうとしていた。

そこで日本から経済人の視察団をベトナムに送り込もうということになったのだ。そしてもう一つ、渡辺さんがベトナムの総書記から頼まれたことが、アメリカとの仲をとって国交回復に仲介を頼まれていた。

渡辺さんから連絡をもらった。「神谷君、商工会議所から経済視察団を送ってく

ド・ムオイベトナム共産党書記長・首相を（写真右）を表敬訪問する筆者

れ」。もちろんわたしは「分かりました」と即答。しかし、「ベトナムにわれわれは行けない」という大企業関係者の反応。第二次世界大戦後、ベトナムは南北に分断され、アメリカは南ベトナムを支援し、社会主義国の北ベトナムと対峙。

１９６０年代から１９７０年代初めにかけて、ベトナム戦争は激しさを増していった。１９７５年（昭和50年）、南ベトナムの要衝・ダナンが陥落し、ほどなく南ベトナムの首都・サイゴン（現ホーチミン）も陥落。アメリカ軍は南ベトナムから引き揚げ、ベトナムは統一された。アメリカは前のベトナムと外交関係を断ち、断交がその頃まで続いていた。

また、アメリカはベトナムに対して経済制裁を行っていた最中だった。

そこで、わたしは、まず前に述べたANJ新経営者クラブのメンバーに声をかけ、ANJ新経営者クラブのメンバーで非公式にベトナムを訪問することにした。当時のド・ムオイ書記長との懇談をはじめ、我々はベトナム政府より大歓迎を受けた。ベトナムに大きな可能性を感じた私は、再び東商での経済視察団の派遣を打診し、東商でのベトナムへの経済視察団の派遣が決まった。しかし、そこでアメリカの大使館から電話がかかってきた。

その主旨は、アメリカはベトナムとまだ国交を断絶している、そういう国に日本から視察団が行くのは困る。遠慮してくれ——というものだった。そのときわたしは、その要請を突っぱねた。

ほどなく訪問団を組んでベトナムに向かった。首都・ハノイで首相や同国のリーダーから大歓迎を受けた。ベトナムにも商工会議所があり、その会頭や役員と、これからの日本とベトナムとの関係を深くしようと、お互いの意志を確認することができた。経済交流のきっかけづくりができたことはわたしにとって大変な成果だった。その後、会議所内にベトナムビジネス研究会が発足。現在では、周辺国を含めた日本メコン地域経済委員会となっている。

実は先ほどのアメリカ大使館からの牽制には後日談がある。わたしが彼らの要求を突っぱねた後、アメリカ大使館から視察団の参加者は以後、アメリカへの入国を認めないと言ってきたのだ。

そうしたやり取りがあったが、それでも事なきを得たのは、渡辺美智雄さんがわれわれとアメリカ大使館との間に入って調整に動いてくれたからだ。渡辺さんには大変感謝しているところだ。

渡辺さんに助けていただいたことはこれだけではない。エイズ問題のときも、渡辺さんに水面下で動いてもらったことがある。時はアメリカのクリントン政権時代、東京でサミットが開かれることになっていた。その直前に、渡辺さんが、ベトナムと米国の国交回復の仲介交渉もあり、渡米してクリントン大統領と会談することになっていた。わたしはこれを好機と捉え、渡辺さんにサミットでエイズ問題を取り上げてもらえないかと相談したのだ。アメリカでもエイズがとても流行っていた頃だった。渡辺さんからクリントン大統領に話をしてもらいたいと願い出たのだ。

渡辺さんは、わたしの願い出に「分かった」と応じてくれた。さらにわたしは、

「約5000億円の基金を作り、ワクチンの開発をしてはどうですか。ぜひ日本主導で作りましょう」と提案した。しかし、渡辺さんもこれには微妙な表情を見せた。もし、日本にエイズの基金を使って研究所を置くとなると、欧州勢が黙っていないというのだ。研究者などがみんな日本に取られてしまうことを危惧する動きが出るというのである。

ならば、フランスでもいいから研究所の拠点を作ればいい。そこへ日本からも一流の科学者、研究者を送り込んでエイズが治る薬を開発するような国際的な取り組みが必要だとわたしは訴えた。「よし、分かった。君はそこまで考えてくれているのか。わたしが神谷君の提案を持っていこう」と言ってくれた。

渡辺さんはわたしの提案書を片手にクリントン大統領にこれらの内容を提言してくれた。もちろん、クリントン大統領も「それは結構だ」ということで賛成してくれたのだ。そのことが、翌日の日本経済新聞の一面に大きく掲載されていた。

アメリカ大統領とフランス大統領との直談判を図る

その後、エイズ問題でのわたしの提案はそう簡単には運ばなかった。当時、日本の首相は宮澤喜一さん。わたしは宮澤さんをよく知っていた。というのも、宮澤さんの後援会にわたしも加わっていたからだ。中でも宮澤さんの支援に最も骨を折ったのは、ダイカスト製品（アルミ鋳造製品）のトップメーカーで、宮澤さんと同じ広島県出身のリョービ社長だった浦上浩さんだった。そして、宮澤さんを囲む会の世話人代表はアルミ建材大手のトーヨーサッシ（現ＬＩＸＩＬグループ）創業者・潮田健次郎さんで、わたしも世話人を務めていた。

サミットでエイズを議題に扱うことについて、宮澤さんの了解を得ようと、わたしは朝一番の午前8時前に電話をした。すると、宮澤さんが電話に出てこられた。そこでこのエイズ問題解決の道筋の話をすると意外な反応が返ってきた。

「サミットの席でアメリカはその提案に乗ってこないよ」。宮澤さんの第一声にわたしは思わず「えっ」となった。わたしは驚いて「なぜですか？」と問い返すと、宮澤さんは「製薬会社の複雑な事情も絡んでアメリカは動けない」。このような趣旨の話を宮澤さんは言ったのだ。

しかも、当惑させられたのは、わたしが提案したものを草案にして動いていくとしても、財源確保が大変だという宮澤さんの話だ。基金の資金5000億円のうち、政府から出せる予算は2000億円。残りの3000億円は民間から出して欲しいというではないか。日本が主導的に言い出したことなので、日本がその資金の大半を出さなければならないとしても、政府が及び腰では話にならない。渡辺美智雄さんにも相談しようと思ったのだが、アメリカから帰国した後、渡辺さんは病気で倒れてしまったのだ。

1993年（平成5年）、渡辺さんの後継外務大臣には武藤嘉文さんが就任した。東京サミットには武藤さんが出席することになったので、同じ岐阜県の出身ということもあって、早速、武藤さんに面会の申し込みをして会ってもらった。しかし、「わたしから議題は出せません」と武藤さんからは断られてしまった。結局、そのままサミットは終了。サミットという舞台で、エイズ問題にどう対応するかについては言及なしに終わった。

ただ、このときわたしは世界の要人に会って直訴しようと、別にアクションを起こしていた。狙いはクリントン大統領とフランスのミッテラン大統領である。お二人が東京サミットに出席しておられる機会に、何とか接触できないかと考えたのである。

そこでアメリカとフランスの大使館に電話を入れ、「大統領に時間を作ってくれないか」と申し込んだ。ところがアメリカ大使館側からの回答は「時間がない」というもの。サミットの合間に早稲田大学で講演をするので、終了後に時間が取れるかもしれないということだったが、講演後も別の予定が詰まっているということで実現はしなかった。

また、ミッテラン大統領にもお願いをしたのだが、フランス大使館からは全く連絡が来なかった。その結果、どちらの要人にも会うことは叶わなかった。しかしこのとき、経済人の中でわたしのように動いた人物はいないと自負している。他の人からすれば「何をバカなことを」と笑われもしたが。もともと当たって砕けろという気構え。やってみないと物事は動かないと思っていたから特段、気にもしなかった。

実は、クリントン大統領へのアプローチはこのときが初めてだったわけではない。

一度、エイズ問題の視察団で訪米した際、ワシントン滞在中にクリントン大統領に面会を申し込んだことがあったのだ。１９９３年（平成5年）、ちょうどクリントンさんが大統領に就任する直前のとき。わたしはエイズ視察団の団長だったので、エイズ問題に対するアメリカの対応を是非とも伺っておきたいと思い、大統領府に面会を申し込んだのだ。「分かりました」。大統領府からはこう言われ、翌日には返事をするということだった。

実際、翌日には連絡があったのだが、内容は「まだ正式に大統領に就任していないのですが、とにかく今は就任の準備のため忙しくて仕方がない。誠に申し訳ありません」というもの。そのとき当社の英語を話せる社員を通訳として連れてきていたのだが、物理的に時間がないと断られてしまった。

わたしの願い通りにはいかなかったが、今を生きる若い人には、まずは行動を起こすことの重要性を学んで欲しいと思う。ただ理念や自分の思いを語っているだけでは何事も始まらない。自ら行動を起こしてこそ、物事は動き始める。わたしはこれまでの人生で、そういう気持ちを抱いて行動してきた。それがわたしの人生哲学であり、信念であったからだ。エイズ問題で世界の指導者に会って自分の提案をぶつけようと思ったが、そこまで漕ぎ着けることはできなかった。しかし、誰もやらないことをやったという自負があるし、それは今でも自分の誇りとして胸に刻んでいる。

経済人の政治家輩出　～選挙カーで応援演説～

東商では様々な活動をしてきたが、一方で経団連（現日本経済団体連合会）や日経連（日本経営者団体連盟、２００２年旧経団連と統合）とも手を携えて行動をしたこともある。その一つのテーマが経済人から、政治家を創り出すということだった。当時は２００１年（平成13年）７月の参院選に遡る。当時は小泉純一郎首相が掲げた郵政改革を中心とした構造改革が有権者から信任され、小泉旋風が吹き始めていた。そういった時代の要請を受けて、われわれ経済人も行動を起こしていく必要があると、わたしは考えていた。

そこでわれわれが企業の経営を経験したことのある民間人を推し、政治家として直接、政治の場に民間の効率性を追求する思想を持ち込むことが重要だと考えたのだ。

そのような中で、当時の経団連として、経済界から政治家を送り出そうとの機運が高まっていた。

それが、経団連、日本商工会議所、日本経営者連盟を含めたオール財界で、支援しようとのこととなり、今井敬経団連会長（新日本製鐵社長・会長）、奥田碩日経連会長（トヨタ自動車社長・会長）を筆頭に、樋口廣太郎さん（アサヒビール社長・会長）が後援会会長となり、各団体からも役員が派遣され、選対本部が組織された。その候補者が、伊藤忠商事元常務の近藤剛さんだった。

近藤さんは、中曽根行革で活躍した瀬島龍三さんの秘書を伊藤忠商事で務めたこともあり、自らも国政に参加する意思を固めていた。

商工会議所も、わたしは当時東京商工連盟の会長を務めていた関係もあり、会議所の代表として選対本部入りした。商工連盟は中小企業の意見を政治に反映することを目的として1982年（昭和57年）に当時の日本商工会議所会頭の永野重雄さんが音頭をとって設立した組織。日本商工会議所は法律で政治活動が禁止されていたため、会員の経営者らが個人の資格で連盟に参加して活動していた。そのため、私がこの任を受けることになった。当時は、伊藤忠商事の室伏稔会長が東商の副会頭を務めていたため、室伏さんからも何とか応援して欲しいとお願いされていた。

選挙戦に突入すると、わたしは目一杯、近藤さんの選挙応援を手伝うことになった。わたしの会社内にも10台の電話を置き、選挙スタッフも10人以上を配置。一気に電話で応援をお願いするという作戦をとったのだ。すべてがうまくいったわけではなかった。有権者からは厳しいことを言われたこともある。「あなたたちはあんな候補者を応援するのか！」と言われたり、中には怒鳴られた女性スタッフもいたと聞いている。

当時の参院選は真夏。わたしも選挙カーに乗って「近藤剛をよろしくお願いします！」と大声でお願いに回った。方々の商店街を回り、その途中では選挙カーの上に立って応援演説をする。候補者である近藤さんと一緒になって丸1日、各地を動き回ったりした。

話は変わるが、選挙応援では、生まれつき声が大きいという自分の特徴に、このときほど「恵まれた」と思ったことはない。声が大きければ大きいほど、選挙カーからの応援演説は有権者の耳に届く。通りを歩いている人たちに足を止めさせて、とにかく演説を聞いてもらわなければならない。ボソボソ何を言っているのか分からなければば誰も耳を傾けてはくれない。わたしはときどき、ジョークを交えながら、それこそ懸命に真面目に政策を訴えた。声を大きく、しかも明瞭に通る声で訴えると、有権者には足を止めて話を聞いてもらえた。人を惹きつけるためには〝声〟という要素も非常に重要なのだ。

近藤さんはオール財界からの推薦を受け、自由民主党から全国比例区に立候補、見事、初当選を果たした。当選後、いろいろ聞いて回ると、経団連や日経連からの支援も相当あったことを知った。当時の日経連会長の奥田碩（トヨタ自動車会長）さんが地元・名古屋でも精力的に動いてくれたのだ。また、当時、経団連副会長で松下電器産業（現パナソニック）会長の森下洋一さんが本拠・関西はもちろん、九州でも動いてくれた。

このお二人をはじめ、経済団体に属する多くの人の協力があって、近藤さんの票は伸びたのである。おそらく日本商工連盟だけの動きでは、これほどまでの得票はなかったと思う。

投開票の日には、今井会長、奥田会長、樋口後援会会長も徹夜で開票作業を見守り、未明にようやく当選確実が出た際には、みんなで喜びを爆発させたことが思い出される。

ちなみに、２０１４年（平成26年）秋の第２次安倍晋三改造内閣で新設された「女性活躍担当大臣」となった有村治子さんは日本マクドナルドの出身。近藤さんと同じく、２００１年（平成13年）の参院選に自民党公認で比例区から出馬したのだが、選挙戦では当時の日本マクドナルド社長の藤田田《でん》さんの全面的な支援を受けた。藤田さんは数千店というマクドナルドの店舗のクルー（従業員）に協力を仰ぐことで、そのクルーから家族にも有村さんを応援する気持ちが伝播していったのだ。無名の新人だったが、有村さんは初当選した。やはり大手企業の力は相当なものだと感じる。

東京商工会議所の内紛に際して

話を戻そう。オール財界の支援を受けて初当選した近藤さんは、小泉総理の要請を受ける形でほどなく道路公団総裁に就任した。日本道路公団の分割・民営化に尽力。分割・民営化後は、東名や中央高速を管轄する中日本道路株式会社の会長を務めた。

道路族などの政治家の権益や所轄官庁の国土交通省などの省益が複雑に絡まり合った道路公団という組織で改革を断行することはまことに至難なことであり、大変ご苦労されたことと思う。しかし、みんなで必死に応援して政界に送り込んだ近藤さんが、わずか2年で議員の座を辞する結果となったことに財界内でも複雑な空気も流れたことも事実。これは経済人にとって苦い教訓となった。

1998年（平成10年）の参院選で経団連は組織内候補として自民党公認で比例区に加納時男さんを出馬させたことがあった。初当選した加納さんは東京電力出身で副社長を務めた人物。2期12年参議院議員を務めた。わたしも、1998年（平成10年）の1期目の選挙戦では、中曽根康弘さんに応援演説を依頼。2期目の2004年（平成16年）の選挙戦では、歌手で女優の松島トモ子さんにお願いして、応援のため加納さん、松島さんと一緒に商店街などを歩いた。

その後は、経団連や日経連は政治家を送り込むことを断念することになる。

ところで、商工会議所は中小企業のトップの集まりだから、産業の裾野を担う中小企業の活力を高め、ひいては日本経済の活性化を図ることが使命なのである。この東京商工会議所会頭の人事を巡って波瀾が起こった。

継手・配管部品「ベンカン」の社長だった中西真彦さんは東商副会頭と東京商工連盟会長を兼務、中小企業の活性化に尽力していた。その中西さんからこんなお願いを受けたことが事の発端だった。

「商工会議所は中小企業の集まり。中小企業をもっと活性化させなければいけない。それには大企業のトップが会頭ではいけない。わたしがやらなければいけないと思うんです。神谷さん、協力してください」

前に述べたように東商の会頭は日商の会頭を兼務することになっているので、歴代日本を代表する企業のトップが就任してきた。中西さんは、それを中小企業の手に取り戻そうというのである。わたしはこれは容易ならざる事態になったと思ったが、東京商工連盟の幹事長として中西会長を支える立場で、中西さんの中小企業政策にかける思いを十分知っていたので、わたしはこんな言い方をした。

「もちろん協力することはやぶさかではないが、できるだけ皆さんが納得するような形でやっていかないと、いろいろな反感を食うことになりますよ」

わたしは暗に中西さんを諭したのだが、中西さんはその使命感の大きさからか、方々《ほうぼう》で大胆な発言をするようになっていった。すると、今度は事務局の方が困惑し始める。このままでは当時の東商会頭の稲葉興作さんから、中西さんが会頭の職を奪うクーデターの形になるからだ。前代未聞の出来事で混乱を招くのは必至だ。事務局はそのような危機感を持ち始めていたのである。あまり事を荒立てないで欲しいというのが本音だったようだ。稲葉さんはわたしにこう言った。

「神谷さん、ここにいる専務理事もそうですが、ここであまり騒動を起こさないで欲しいんです」

東商内部で混乱が起きないように協力を頼みたいということだったのだ。稲葉さんと専務理事の2人が頼み込んできたのだから、無下に断ることもできない。東商が混乱するような事態は絶対に避けなければいけない。

支部の担当活性化委員長として現場での対話を推進

わたしも思案した。中西さんは、東商の議員総会で会頭の解任動議を出すという噂が出た。事務局も危機感を募らせていた。事務局が事前に意向を探ってみると、どうやら支部会長の6～7割は中西さんを支援するつもりはないということが分かった。

結局、わたしは最後まで公正な立場を貫いた。ところが最終的に、中西さんは会場に姿を見せず、東商副会頭と東京商工連盟会長の職を辞することになり、この問題は終結した。

わたしなりに今振り返ると、やはり東商会頭は大手企業が務めることが一番筋が通ると思う。東商会頭は日商会頭を兼ねており、全国の中小企業の人たちと思いを同じくして運動を起こしていく立場にある。経済3団体の1人の長として、時と場合によっては、政治に対しても力強く企業側の主張や訴えを展開していかねばならない。その意味では、やはり大企業のトップでないと、その発言に重みが出てこないことも確か。ある程度、企業としての知名度が必要になるのだ。それは商工会議所で長年行動してきたわたしの経験から感じるものでもあった。

もちろん、商工会議所は中堅・中小企業の集まりだから、大企業のトップでなくても、中堅・中小企業から会頭が輩出されてもおかしくはない。その意味では、中西さんの主張にもそれなりの理があった。

当時、わたしは東京23区の支部の担当活性化委員長として支部取りまとめの任にあった。この職務は石川会頭から委嘱《いしょく》を受けた。永野重雄さんの会頭時代に、東商内で23支部を設立し、それらの各組織を強化するために、石川会頭から「委員長をやって強化してください」と言われたのだ。しかしだからこそ、23支部の取りまとめ役としては慎重に動かなければならなかったのだ。

東京都知事選で再び選挙応援へ

しかし、時の移ろいと共に、組織運営のあり方も変わってくる。稲葉会頭時代に、わたしが東京商工連盟の会長に就任することになった。わたしは政治に対してどんどん意見を言っていた。また、たくさんの政治家を商工連盟に呼んで講演会や討論会などを実施した。商工連盟として東京都知事選で候補者の応援をしたことがある。

代表的な例は1999年（平成11年）の都知事選。再選出馬が有力視されていた青島幸男さんが任期終了間際に不出馬を表明。自民党は元国際連合事務次長の明石康さんを擁立し、わたしたちも明石さんの応援に尽力した。当時の自民党幹事長は森喜朗さんだった。

告示日が間近に迫り、各陣営が選挙戦に向けて準備を進めていたところ、突如、衆議院議員を辞職して政界から遠ざかっていた石原慎太郎さんが出馬を表明。19人の候補者が乱立した中、２位の鳩山邦夫さんに80万票の差をつける１６０万票という圧倒的な強さで石原さんは当選した。

実は都知事選での選挙応援は、これが初めてではなかった。１９９１年（平成３年）の都知事選にも、わたしは候補者の選挙応援に駆け付けたことがあった。そのときわたしが積極的に応援したのが鈴木俊一さん。旧自治省（現総務省）出身で事務次官経験者の鈴木さんは美濃部亮吉知事が３期務めた後、１９７９年（昭和54年）に都知事に就任。その鈴木さんが４選目を目指していた時だった。

鈴木さんの横に立って応援演説を何回もやった。鈴木さんは財政の黒字化を２期目に実現し、都庁舎を丸ノ内から新宿へ移転させたのをはじめ、「東京国際フォーラム」「江戸東京博物館」の建設や東京臨海副都心の開発などで功績を積み上げていったのだが、これらの箱物行政を進めるために多額の起債を行った結果、都の財政は再び赤字に転落。

都民からの批判の声も日増しに高まり、そこに運悪く「大理石のフロア（床）」が「大理石風呂が作られる」と受け取られ、東京都庁の知事室に大理石風呂が作られると勘違いをされたこともあった。年齢の問題もあり、かなり劣勢という状況だった。ただ自民党東京都連は鈴木さんを推薦していた。わたしたち商工連盟も足並みを揃える形で鈴木さんを推薦したのだが、そのときの自民党の党本部は推さなかった。当時、自民党の幹事長は小沢一郎さんが務めていた。

小沢さんは元ＮＨＫ記者の磯村尚徳さんを擁立した。磯村さんはＮＨＫ報道部の出身で長年パリ支局長を務めたりして、報道番組やニュース解説などでもさわやかな口ぶりで人気を博していた。都知事選も賑やかなものになった。

商工連盟としては自民党とは関係なく、鈴木さんの応援に回るように、各支部にも協力を求めた。

確かに鈴木さんが新しく建設した都庁舎に対する批判は多かった。ただわたしは関東大震災後に内務大臣兼帝都復興院総裁として東京の復興計画を立案した後藤新平を引き合いに出して応援演説をして回った。後藤新平が「昭和通り」や「靖国通り」、さらには日比谷公園など東京各地の公園を整備したように、「将来、都庁舎も都民の皆さんにも役立つものであることがお分かりになると思います」と訴えかけた。「鈴木さんは先を見て都庁舎を作ったのです」。こう言って回ったのだ。

批判の声は日増しに高まっており、選挙に負ける可能性も出てきていた。それでもわたしは「この人は年ではありません。先を見通すことができる鈴木さんの頭の中身は青年そのものだ」と、大きな声を出して都民の間の前で演説をしたものだ。結果、鈴木さんは見事、４選目を勝ち抜いた。そのときの鈴木さんの喜ぶ姿を見たら、わたしも努力の甲斐があったと感じたものだ。

事業承継税制の実現

わたしが積極的に取り組んだものとして事業承継税制がある。その頃既に、わたしは日本と東京商工会議所の事業承継税制委員長をやっていた。これは50年来の商工会議所の念願でもあったのだ。約13年、わたしは最後の委員長として務めた。当時は経済産業省の中小企業庁が事業承継税制を財務省に折衝していたのだが、財務省は事業承継税については「不平等になる」という理由から認めないという姿勢だった。理論で押されて前に進むことができなかったのだ。

事業承継税制とは、中小企業の株式やその他の事業用資産が世代間で承継される際に、大きな税負担を伴うことがないように、相続税や贈与税の納税猶予を図って中小企業の事業存続をバックアップするというものだが、財務省からすれば「親からもらった財産を道楽で使うケースもあるかもしれない。また、一から起業する人に対し、親から承継した人を特別に税制優遇することは不平等だ」というわけだ。それでわたしも財務省の局長や自民党の税制部会長のところに行って事業承継税制の重要性を説得して回った。

「神谷さんの言い分も分かります。しかし財務省の反論も分かる」

自民党の税制部会長や公明党にも駆け寄ったのだが、このように言われるだけで物事は全く進展しない。商工連盟は自公の連立与党を支援していた。わたしは、公明党の太田昭宏さんを応援していた。以前から、太田さんの応援演説をする際には、わたしは、太田さんを「中小企業の味方。事業承継税制を実現する人」と言い続けていた。

「わたしたちは中小企業の味方です。事業承継という形で親から譲《ゆず》り受けた財産を2代目の息子がベンチャー企業への投資や新しい技術開発への投資に振り向ける。親からもらったお金だし、有効に使おうと思い切って投資に充てる。新しい投資が出てくることがこれからの日本が生きる大きな糧《かて》になる。これがなければ借金をしてまでベンチャー企業や技術開発に投資をするはずがありません。また、後継者は学歴もあり、語学にも堪能。だから、今の時代に合った新しいことにも挑戦できます。これは、商店街の活性化にもいえることです。親からもらった財産だからやれるのです」

続けてこう言った。

「もしそこで税金をかけてしまえば、税金を払うためにせっかく親から受け継いだ建物や土地、財産を売ってしまうことになりかねない。そうすれば中小企業は沈滞しかねない。だから資産を売らせないということが大事なのです。そのためには事業用資産の相続税をゼロにする。それこそが中小企業が衰退しない方法です。これが事業承継の大事なポイントなのです。日本にどう花を咲かせるかなのです」

財務省の懸念する通り、中には親から受け継いだ財産で遊んでしまうような人もいるかもしれない。そういう人にも課税率を減らすことに抵抗があるのも分かる。しかし、そういった人間ばかりではない。ひたむきに仕事をする人が大多数なのが日本の中小企業である。「小異を捨てて大同につく」。何事にも二面性はあるが、社会運営の制度設計に当たっては、その長所や良いところをもっと伸ばす方向で動いていこうというのが、わたしたちの考えであった。また、中小企業は日本の雇用の根底を支えている。中小企業が承継しながら存続していくことは、すなわち雇用を守ることでもあるのだ。

そうした考えに共鳴した太田さん。第一次安倍政権の第1回目の衆院本会議、太田さんも公明党の代表になっており、その代表質問の際に、「中小企業対策、その中で事業承継という問題に対して総理はどうお考えですか」と質問。これを受けて安倍首相も「それは重要な課題だと考えています」と発言した。これがきっかけとなって事業承継税制の実現へ向かって、事態は動き出していった。

その後、２００８年（平成20年）の麻生太郎内閣のときに「中小企業における経営の承継の円滑化に関する法律（中小企業経営承継円滑化法）」が制定され、翌年にはその法律に基づき相続税の納税猶予制度と贈与税の納税猶予制度が始まった。３年ほどで中小企業の事業承継税制を実現することができたのだ。中小企業庁にも熱心に動いていただいた。本当に感謝している。ただ、現在もこの法律や制度を詰めるべき点は残っている。まだまだ先に進んでいかなければと思っている。

第5章

三公社民営化で指導力を発揮した中曽根首相

中曽根康弘氏との出会い

東京商工会議所で有力な経済人をはじめ、若いベンチャー起業家などとも知遇を得てきたが、その一方で政治家との交友も広げてきた。政治家で最初に親しくなったのは自民党副総裁だった川島正次郎さん。詳しくは第3章でも書いたが、その次に近しい存在になったのが後に総理大臣になる中曽根康弘さんだ。

1960年代半ば、50歳までの若い起業家を集めた「ANJ新経営者クラブ」を持田製薬社長の持田信夫さんはじめ4~5人で設立。その持田さんから新経営者クラブの勉強会の席で旧制静岡高等学校（現静岡大学）の同級生で中曽根という政治家がいると紹介された。持田さんによれば、旧制静岡高等学校の先輩には三井銀行（現三井住友銀行）で社長、会長を務めた実力者の小山五郎という人がいて、その人と2人で中曽根さんを応援しているのだという。そこでわたしにも応援の輪に加わってもらえないかということだった。

「われわれで何とか、中曽根を将来、日本を担う政治家に育てたい。神谷さん、ひとつ、中曽根さんを応援してくれないか」

政治は国家運営の基本をつくる大事な仕事。持田さんの紹介でまだ青年政治家の中曽根さんと会って話をすると、日本が敗戦国から立ち直るために何が必要か、また一人ひとりがどう行動していかなければならないかを中曽根さんは深く考えており、歴史観、国家観のきちんとした政治家だと分かった。

その政治家には少なからず活動資金が必要になる。そこでわたしも公正かつ正々堂々と支援していける形をつくろうと考えた。将来ある中曽根さんを応援しようと経営者仲間に呼びかけた。中曽根さんと車に乗り込み、当時完成したばかりで、通行量も多くない首都高速を走って、各社を訪問した。とにかく、中曽根さんという政治家を多くの経済人に知って欲しかった。最初の一声で力を貸してくれた人は10人程度であった。それが政治団体「山王経済研究会」だ。中曽根さんを応援する政治団体として発足したのである。パイオニアの松本誠也さん、長崎屋の岩田孝八さんなども快く入会してくれた人たちである。

ただ中には途中で退会する人たちもいた。会費の高さが辞める理由の一つになっていたのかもしれない。実際、この研究会に払う会費も結構な額になっていた。けれども、わたしは政治家にはそれなりにお金が必要だと認識していた。もちろん、違法なお金はご法度である。だから、政治に対して見返りを求めるような人は研究会には入れないようにしていた。

「日本を背負う気概を持った政治家を育てることが、日本という国家のためになる。命を張ることができる政治家を育てることが日本を引っ張ることにつながるのです。政治が安定してこそ、経済も繁栄するのです」

わたしはいつも政治家のことを話す場合に、支援する意義をこう言い続けた。志の高い政治家を自分たちの手で育てていく。それがわれわれ経済人の務めであると考えたのだ。

当時の中曽根さんは40歳前後と、新進気鋭の政治家であった。マスコミの間でも、その弁舌の鋭さから、青年将校として名を売っていた。実際、1959年（昭和34年）、第2次岸信介改造内閣では科学技術庁長官として入閣していたほどだ。中曽根さんの信念の強さにはかねてより感服していた。だからこそ、中曽根さんを応援しようと、わたしはいろいろな人に声をかけた。その間、中曽根さんは運輸大臣（現国土交通大臣）や防衛庁長官（現防衛大臣）などを歴任していった。

自決４カ月前の三島由紀夫さんによる講演

中曽根さんとの印象に残る出来事があった。それは中曽根さんが防衛庁長官だった１９７０年（昭和45年）のことだ。このとき中曽根さんから講演の講師として戦後の日本文学界を代表する作家の一人、三島由紀夫さんを紹介してもらった。この講演の４カ月後、三島さんは、陸上自衛隊市ヶ谷駐屯地内で割腹自決している。いわゆる三島事件である。後で分かったことだが、わたしがゲストとして呼んだとき、既に三島さんは自決する決意を固めていたようだ。

三島さんの講演の中でわたしが非常に共感を覚えたことがある。三島さんは講演の中で、「一般世間でインテリと言われる知識人ほど、書いたものや言った言葉に責任を持たない。そのことが若い人たちの不信を買っているところである。そこで、そうした日本の現状を変革していこうと、わたしが志のある若い学生を１００人ばかり集

自決する４カ月前の三島由紀夫（中央）氏と。右は当時、防衛大臣だった中曽根氏の秘書だった与謝野馨氏

めて〝楯の会〟を作った。そうすると、まるでマンガだと嘲笑する者もいる。楯の会に参加するような人間が何の役に立つんだと、2～3万人を集めるデモの方が実際的な力や主張になるのではないかと言う人がいる。そういう人々は、わたしの目からは、本来目指すべき政治と精神のあり方を混同している人と見えるのである」。こういう趣旨のことを言って、三島さんは日本の現状を嘆いたのだ。

続けて、三島さんはこう訴えた。

「現在のような情報過多の時代では、ものの本質が見えにくくなっている。人間は何をすべきかということについて、もっと思いを深くしなければならないと思う。そしてその思いや精神をどうやって行動に結びつけていくかが大事。日本の知識人は、知識はあっても、行動が伴わなかった人間ばかりだった。そこで、ひとたび事が起こってみれば、自分は以前からそのことを知っていたということが一体どれほどの意味を持っているのか。わたしは自分の書いたものや言ったこと、また行動してきたことがすぐ人のお役に立つとは考えていない。10年、20年後になって、少しでも何かのお役に立てばよいと、そう思っている」

わたしがここで言いたいことは、三島さんが自分のなすことについて、考え抜いているということであり、しかも現状認識をしっかりと行い、将来を見通して行動していく。つまり、長い目で物事に当たっているということである。三島さんの言われたことはグサリとわたしの心に突き刺さった。今でも深くわたしの心に残っている。

現状に対しての深い洞察と長い視座で将来を見据えて、自分たちの考え方や行動を決めていく——。われわれの経営も今後そうした考えで対応していかねばならないということだ。また、精神を行動に結びつけ、実行する勇気を持って当たっていくことの大切さ。このことは政治、経済のみならず、社会全体の各領域で言えることだと思う。特に、われわれ経営者自身が経営の持続性を高めるために、長期ビジョンを立て、それを強い精神力で実現していく。そこに企業の生命力というものが生まれてきて、得意先や社員、ひいては社会からの信頼を得ることになると思うのだ。

三島さんはご承知の通り、作家活動、舞台、映画づくり、そして美学的な行いなど自らの手で45年間の生涯を閉じるまで多方面で活躍した多才な人だ。今、ここにその才能の損失を惜しむと同時に、三島さんの意志力というか、精神力の強さ、勇気を見せてもらったことに全く感服している。

関西にも広がった「山王経済研究会」

三島さんが割腹自決を決行する日、陸上自衛隊市ヶ谷駐屯地内の東部方面総監部の総監室を楯の会のメンバー4名とともに訪れ、面談中に突如、益田兼利総監を人質にして籠城。そして、バルコニーから「われわれは今や自衛隊にのみ、真の日本、真の日本人、真の武士の魂が残されてゐるのを見た」などと書かれた檄文を撒き、自衛隊の決起・クーデターを促す演説をしたわけだが、そのときそれを取り締まる役回りを防衛庁長官の中曽根康弘さんが指示したというのも何とも人生の悲哀を感じるものだった。

そのように戦後日本に一大ショックを与えた三島事件を体験した中曽根さんはその後、党の要職である総務会長・幹事長なども歴任、１９８２年（昭和57年）に第71代内閣総理大臣に就任した。中曽根さんが衆議院に初当選したのが１９４７年（昭和22年）、そこから35年が経っており、総理大臣までの道のりは長かったと思う。中曽根さんの前には、田中角栄さん、大平正芳さん、三木武夫さん、福田赳夫さんといった実力者が首相を務め、戦後長く政権を担った自民党内の権力獲得を巡る争いには熾烈《しれつ》なものがあった。

佐藤栄作内閣の後継の座を巡って、自民党の実力者である三木さん、田中さん、大平さん、福田さんの４人が争ったことから「三角大福《さんかくだいふく》」という言葉も生まれたが、その４人に付け足される形で中曽根さんがいたのだ。「三角大福中」という言葉も新聞紙上で使われた。

福田さんと田中さんが争ったとき、中曽根さんは田中陣営についた。それが、後に

中内㓛氏

なって恩を受けた田中さんが中曽根さんを支持する側に回ることにつながったのだ。

中曽根首相の誕生にわれわれも大いに拍手喝采を送った。政権をとった以上、日本のためにも中曽根さんには汗を流してもらわなければならない。

思えば、中曽根さんが自民党幹事長だった１９７６年（昭和51年）に「成田市総合流通センター」が開場し、視察に来た中曽根さんは卸売市場を民間企業が設立したことに大きな感銘を受けたようだ。その後、中曽根さんが国鉄や電電公社、そして専売公社の民営化実現に向けて動いていったことは以前にも書いた通りだ。

中曽根さんが首相になった頃、山王経済研究会の会員数も２００人を超えていた。その頃のメンバーも関西企業だけでも相当な人数になっていたと思う。ダイエー創業者の中内㓛さんたちに声をかけ、関西の経営者たちにも参加を呼び掛けていった。

中内さんは「よし、自分の関係でも集めるから」と言って様々な経営者を呼び込んでくれた。当時の中内さんといえば、１９８０年（昭和55年）に日本で初めて小売業界の売上高１兆円を達成するほど勢いが良かったときだ。だから、中内さんの呼びかけに応える経営者も多かった。大和ハウス工業創業者の石橋信夫さんなども、このとき加わったメンバーだ。中内さんは短期間に30人ほどの経営者を集めてくれた。これは大きな力になった。

それから三井系グループのトップたちにも力添えをもらった。中曽根首相時の通商産業事務次官で三井物産の副会長を務めた山下英明《えいめい》さんも、そのうちの一人。山下さんは、末松謙一さん（三井銀行社長）とともに、元三井銀行会長で静岡高校の同窓として早くから中曽根さんを応援していた小山五郎さんから全幅の信頼を得た人。その小山さんの顔を立てようと末松さんも三井グループを中心に山王経済研究会のメンバー集めに奔走してくれた。そして、新日鐵・永野重雄さんとの深い絆は、前に触れた通りだ。それがきっかけとなり、新日鐵には歴代世話人を出していただいた。宮崎八百一郎さん、佐々木喜朗さん、千速晃さん、そして現在の三村明夫さんと、副社長・社長クラスが世話人を務めてくれた。

１９８７年（昭和62年）に中曽根首相が退陣した後も、山王経済研究会は存続してきている。政治家としての中曽根さんに人格、人柄で惚れこんだファンばかりだ。一般に、政治家が権力を持つと、多くの人が寄り集まってくる。しかし、中曽根さんの場合はそうではなく、その政治観、歴史観、世界観に共感を覚えて、みんなが集まってくる。会員の方も中曽根さんに会うと、その独特の切れ味がいいというか、シャープな言い回しに心が奪われるのだ。

〝ロン・ヤス〟の関係

中曽根さんに政治家としての凄さと歴史観を感ずるのは、時代の先を読んでものを話されるところだ。大変な博学で本人自身がよく勉強をされており、他の政治家が口にしないような言葉や問題意識が出てくる。一つひとつのテーマ、命題について、自分はどうすべきかということを常に考え、そして表現にも気配りして、自分の考えを述べられる。代議士になってから自分は首相になる、という意志を持って、日々研鑽されてきたからこそ、勉学に励み、知識を日々積み重ねてきておられる。

中曽根首相の功績として挙げられるのは米国との関係構築である。特にレーガン大統領との関係も強力なものにしたことだろう。「ロン」「ヤス」と呼び合うほどの親しい間柄を構築し、さらにイギリスのサッチャー首相との関係づくりにも気を配り、「新保守主義」の時代を作り上げていった。１９８０年代に入り、米ソ冷戦の対立が深刻になるにつれ、政治制度や安全保障が大きなテーマとなっていたが、３人が「小さな政府」を標榜し、市場開放・規制緩和と民営化を積極的に打ち出したことで「新自由主義」と呼ばれる政策が広がり、ソ連を崩壊に追い込んだ。

１９８０年代中頃の冷戦時代の真っ只中、中曽根首相は訪米中に「日本列島を不沈空母（Unsinkable Aircraftcarrier）にする」と発言し、レーガン大統領を感激させたことがあった。有事の際、日本列島を敵性の外国航空機の侵入を許さぬよう、周辺に高い壁を持った大きな船のようなものにするという発言で、これを通訳が「不沈空母」と意訳したのだが、不沈空母という表現は米国の根底に存在し続けてきた対日不信を吹き飛ばす効果があった。この発言を通じて２人の信頼関係はさらに増すことにつながった。

１９８６年（昭和61年）、レーガン大統領とソ連のゴルバチョフ書記長がアイスランドの首都・レイキャヴィクで、冷戦終結に向けた会談を開催。それから3年後の１９８９年（平成元年）にベルリンの壁が崩壊し、冷戦は終結。１９９１年（平成３

年）にソ連は崩壊した。中曽根首相はレーガン大統領とサッチャー首相という三羽烏で時代の流れを作ったのだ。

事実、日本でも三公社五現業の民営化という流れで経済を大きく変えた。これは今までの政治家ではできなかった偉大な成果だと思っている。わたしたち経済人も中曽根首相を応援し、一切利権のない選挙資金で協力してきた。後援者に応援を頼むときは、「本当の意味での後援者になっていただきたい」という言葉を伝えてきた。そういった草の根活動が実を結んだと思っている。

話は変わるが、中曽根さんが首相在任中に日本で財政再建のために取り組んだ「大型間接税」がある。この大型間接税の導入を巡って産業界からの反発の声を浴びることになったのだ。

小売業界から反発を受けた「大型間接税」

中曽根さんは首相就任直後から、増税なき財政再建に沿った税制の見直しが不可欠として、税制体制の抜本的な改革の道筋を探っていた。１９８４年（昭和59年）には政府税制調査会が直接税と間接税の見直しを含めた抜本的税制改革の必要性を訴えたのだが、野党は一斉に反対した。反対の声は野党に留まらなかった。

山王経済研究会に所属していた会員からも反対の声を受けるようになったのだ。セゾングループ創設者の堤清二さんをはじめ、ダイエー創業者の中内㓛さん、イトーヨーカ堂の伊藤雅俊さん、ニチイ（後のマイカル、現イオン）社長の小林敏峯さん、ライフコーポレーション社長の清水信次さんといった流通小売業のトップが中曽根さんに「反対」を訴えた。

中曽根さんは「国家のために財政を健全化しなければ国民の生活は決して改善されない」と主張。その対策案として大型間接税を導入しようとした。医療費や福祉費など社会保障費を賄い、公共投資の財源が不足し、国債発行に頼るようになり、税収だけで政府の一般会計予算を編成できなくなってきていた。子や孫の世代にまで借金を背負わせるようになっては健全な国家運営はできないということである。

中曽根首相は国家の将来を考え、今を生きる自分たちが何をなさねばならないかという観点で抜本的な税制改革を考えていたのだ。司会者だったわたしは、会場をなだめようとした。すでに何百回と司会を務めていたので、中曽根さんが自分の口から言えないことをわたしが代わりに言ったこともしばしばあった。

会員からの質問に対して、中曽根さんが言えない代わりにわたしが答えていたのであるが、イトーヨーカ堂の伊藤さんは断固反対という立場。その伊藤さんも国民の生活を豊かにしようという志から流通業に取り組んできておられるし、時の首相に対して勇気を持って発言しておられたと思う。

「われわれの業界でそんなことをされると売り上げにも仕事にも大きな影響が出る。とにかくやめて欲しい」。伊藤さんのこんな言葉に、わたしも必死さを感じた。ライフコーポレーションの清水さんも同業を集めて、大型間接税反対の声を上げていた。

清水さんのライフコーポレーションは、食品スーパー大手だったが、大型スーパーが入るチェーンストア全体では売上高で15位か16位ぐらいのポジション。それでも論《ろん》客《きゃく》の清水さんは日本チェーンストア協会の会長に推されて就任し、小売業界の地位向上に尽力していた。ダイエーの中内さんやイトーヨーカ堂の伊藤さん、イオン創業者の岡田卓也さんといった大手スーパーを経営する人たちがいる中で、清水さんは日本チェーンストア協会の会長を務めていたのだ。清水さんの執務室に行くと、書棚には溢れるばかりの書物が詰まっていて、清水さんは書物や資料の中に埋もれた格好でいた。大変な勉強家でもあり、わたしも日頃から尊敬する経営者である。

結局、中曽根首相は大型間接税を途中で断念することになった。そうした税制改革が大きな社会的テーマになってきている中、山王経済研究会には流通関係の経営者が相当数参加していた。右に挙げた人たち以外にも、ユニー（現ユニーグループ・ホールディングス）創業者の西川俊男さんなども入り、流通業のトップは30人くらいいた。その頃、小売業界を引っ張っていたダイエーの中内さんが意見を言うと、それにみんなが倣うように発言していた。中内さんとはライバル関係にあったセゾングループ創業者の堤清二さんは利口で人前で一切ものを言わなかった。司会のわたしは、そういう堤さんにも発言を促したりしていたが、今は懐かしい話である。

それはともかく、中曽根さんは山王経済研究会の会合には今でも顔を出されている。ふた月に一回という割合での会合だが、絶対に休まず、2時間程度、会員と食事を共にし、自らも20～30分、今の政治状況などに対する自分の考え方などを披露される。お酒も飲まれるし、食欲もおありだ。中曽根さんはいろいろなテーマについてコメントした後、出席者からの意見に耳を傾ける。会合の進行形式は昔も今も変わらな

平成12年の中曽根氏の誕生会にて。右は伊藤忠商事元会長の瀬島瀧三氏

い。

中曽根さんは1918年（大正7年）の生まれだから、2014年（平成26年）の5月で96歳になられた。日本の明治時代以降の栄典制度における最高位の勲章である「大勲位菊花大綬章」を叙勲されている。戦前は山縣有朋や伊藤博文、西園寺公望といった政治家が叙勲されているが、戦後では生前に大勲位菊花大綬章を叙勲したのは吉田茂元首相、佐藤栄作元首相、そして中曽根さんの3人だけである。

そういう中曽根さんを50年間、わたしが中心になって支えることができたのは光栄に思う。中曽根さんが首相になられたときも、わたしは月に1回くらいは官邸に出向いた。今でも首相の1日の行程が新聞に掲載されているが、中曽根首相時代に官邸表敬訪問の回数で一番多いのがわたしだった。中曽根さんには事あるごとに報告をしに行ったり、懇談したりした。新聞にわたしの名が載ることで、中曽根さんの支援者と広く知られるようになった。

私事だが、中曽根さんはわたしの息子の結婚式にも足を運んでくれたこともあった。これが縁となって、中曽根さんの息子・中曽根弘文さん（現参院議長）の後援会もわたしが作らせてもらった。わたしの知人に弘文さんと同じ慶應義塾大学出身者の浅地正一さん（元東京商工会議所副会頭）がおり、「中曽根さんの息子さんの後援会を作ってやってくれないか。弘文さんは慶應出身だから、慶應の同窓生としても後援会を発足してもらえないか」と頼んだ。この後援会は今でも続いている。結成当初からのメンバーにはサントリーホールディングスの佐治信忠会長もいる。

そんな中曽根さんとは二人三脚で歩んできた。だが、利権は一切やらなかった。ときどきマスコミなどで煙が立つこともあったが、火元がないのだから所詮は推測どまり。その点でいけば、中曽根さんとの関係で世間を騒がせたものとしては、リクルートの株譲渡の問題だろう。いろいろと中曽根さんとの関係が噂されたが、一切何もないことをここで断っておく。

「リクルート事件」の思い出

リクルート事件とは、1988年（昭和63年）に発覚した日本の贈収賄事件だ。リクルートの関連会社で未上場の不動産会社「リクルートコスモス」の未公開株が賄賂として譲渡されたのだ。贈賄側のリクルート関係者と収賄側の政治家や官僚らが逮捕され、政界・官界・マスコミを揺るがす、大スキャンダルとなった。

このとき藤波孝生元官房長官が受託収賄罪で在宅起訴。中曽根さんの秘書も1人がかかわっていたとされ、山王経済研究会での事務職員も株をもらっているのではないかと疑惑を持たれた。検察庁は山王経済研究会にも未上場株が譲渡されていると踏んで、そこから中曽根さんにもお金が流れているのではないかと推測した。それが一番の焦点だった。検察庁は徹底的にお金の流れを調べた。預金口座からお金の行き先をはじめ、先に行ったお金がどのように使われたか、あらゆる可能性を探ったのだ。

わたしにも検察庁から電話があった。

「神谷さん、すぐに来てもらいたいのですが」

「なんでわたしが行かなければならないんですか」

「中曽根さんの身辺を調べたのですが、山王経済研究会の責任者が神谷さんですね」

「確かにわたしが責任者です」

「リクルートと関係はないのですか」

「リクルートから年会費はもらっている。それ以上の収支に関しては収支報告書にして提出しているはずだ」

「……」

「わたしが検察のあなたのところに行って説明してもいいが、今は仕事で忙しい。２カ月ぐらい先なら時間があるかもしれない」

「そうですか……」

その後、検察からは何も言ってこなかった。こちらは何ら悪いことはしていない。だから何でも強気で物を言うことができた。もし仮に後ろめたいことをしていれば、良心が咎められ、「ああ、そうですか。では行きます」となっていただろう。しかしわたしの場合は、良心が咎められていないから何ら怯む必要はなかった。もちろん、新聞記者もわたしのところにやってきた。それも同じように対応した。

歴史に「もし」ということはないが、もし江副さんが角栄建設（現ジョイント・レジデンシャル不動産）の株を取得しておけば、その後の人生は変わっていたのではないだろうか。同社は1958年（昭和33年）に設立され、1968年（昭和43年）に東証1部に上場していた。この会社を江副さんが買収して未上場だったリクルートコスモスと合併させていれば、この事件は起きなかったのではないだろうか。

角栄建設は団地開発の不動産デベロッパーとして知名度を高めていたのだが、借入金負担などから経営難に陥り、1987年（昭和62年）からは日本長期信用銀行（現新生銀行）の傘下に入っていた。社長は長銀から派遣されて、創業者の角田式美《かどたしきみ》さんが会長となった。それでも株価は低迷を続け、長銀をメーンバンクとして何とか存続を続けているような状況だった。

わたしは、角栄建設をリクルートに引き受けてもらえないかと考え、江副さんに提案、前向きな回答を得た。当時の角栄建設のメーンバンクは日本長期信用銀行（当時）。その頃の長銀頭取は実力者の杉浦敏介さん。杉浦さんの了解をとれば合併に持って行ける。わたしが杉浦さんに江副さんの提案を説明すると、杉浦さんは「リクルートに売却するのも結構だ」と答えた。それだけリクルートは世の趨勢を極めていた時期でもあったのだ。

幻に終わった「角栄建設」と「リクルートコスモス」の合併話

長銀側としてもリクルートと取引ができるようになるため、「我が銀行もリクルートと取引をしたい」と前のめり。杉浦さんからは「大変結構だ。後はあなたに任せます」と了解を得た。その朗報を持ってわたしは江副さんのところへ飛んで行った。江副さんは「よし、わかった」と言って合併に向けた話が進むことになった。

わたしは角田さんと江副さんの2人をわたしの会社に招き、どのように合併手続きを進めるか3人での話し合いがもたれた。同業の不動産会社であるし、片方は住宅の建売りが本業で、片方はマンション分譲が本業である。

そのまま両社が合併すれば株価は一気に上昇するだろう。3者会談の1回目では資本金をどうするかという話になった。そして、角田さんの角栄建設の株式は5割ぐらいの減資でどうだろうかという流れになったのだ。ところが江副さんが出した減資の数字は9割。要するに1割の資本を残して減資をして欲しいというのだ。

さすがに角田さんも「ウン」とは言わなかった。自分の作った会社だから、9割減資では自分を信用して株主になっている人たちに申し訳ないというのだ。株を10分の1にするということは、あまりにも株主に忍び難い話。「この話にはわたしはのれませんよ」。角田さんは現状のままで銀行に面倒を見てもらう選択肢を選ぶと言い出した。

それに対して江副さんも反論する。「わたしの会社と合併すれば、減資で10分の1になっても公表すれば20倍になる」。続けて「株主は喜ぶはずだ。要するに9割損をしても、それが20倍になるのだから全然心配ない。むしろ後になってから株主に喜ばれるはずだ」と説得をし始めたのだ。

江副さんの勢いに気圧《けお》された角田さんは「仕方がない」と言って7割までは減資の理解を示してきた。わたしにとっては角田さんも江副さんも親友だから、どちらの側につくわけにもいかなかった。やはり当事者同士で決めてもらわなければならない問題であった。

それを聞いた江副さんは考え、角栄建設を買収するか、それとも自社単独で店頭に出て東証2部に上場し、その後1部に鞍替えするかを思案していたようだ。

結局、江副さんが出した答えは自分のグループ会社の上場だった。その頃、リクルートコスモスも隆盛、店頭で公開した方が間違いないと考えたのだろう。江副さんの気持ちはそちらに動いた。それが怪我のもとになってしまったのだ。人生は紙一重だ。

世の中に、「もし」はないが、江副さんが角栄建設とリクルートコスモスを合併させていれば問題は起こらなかったように思う。

あるいは、江副さんにはもともと合併という選択肢はなく、自分の会社を上場させようと腹に決めていたのかもしれない。本音のところはわたしも聞いていていない。

わたしにしてみれば、心底惜しいことをしたと思う。江副さんは「東大新聞」の広告担当だった経験を生かして1960年（昭和35年）に東大を卒業と同時に求人広告専門の「大学新聞広告社（現リクルートホールディングス）」を設立。高度経済成長下に情報企業群を育て、教育事業や不動産業にも進出した稀代の経営者。リクルート事件がなければ、おそらく経済界のリーダーになる人物だったとわたしは思っている。

実際、江副さんの経営センスや新しい事業領域を開拓していく能力は各界の指導者から高い評価を受けていた。あるとき、証券界の取りまとめ役で野村證券社長だった田淵節也さんが、江副さんを「こんな優秀な人はいない」と評したほどだ。わたしと田淵さん、セコム創業者の飯田亮さん、江副さんの4人で東京・向島の料理屋で会った際、大いに飲んで歌を歌ったりしているときに田淵さんがそう言ったことを覚えている。

その田淵さんともわたしは親交が深かった。田淵さんは親分肌で人を惹きつける魅力があった。田淵さんの長男の結婚式に呼ばれたわたしが座ったテーブルには、飯田さん、江副さん、ＣＳＫ（現ＳＣＳＫ）創業者の大川功さんなどが同席し、その中でわたしが代表して挨拶をした。時代を時めく経営者ばかりだったが、依怙贔屓《えこひいき》がないから神谷なら無難だろうということでわたしが選ばれたのだ。挨拶の順番は、主賓は、ご子息の勤務先である東急百貨店社長の三浦守さん。その次がわたしだった。田淵さんとはそういう間柄だったのだ。

田淵さんとは将来を担う若手の経営者を集めた勉強会を開いていた。場所はホテルオークラ東京。田淵さんは自分が親しい若手経営者を集めていた。それは、相当な数になった。もちろん、飯田さんや江副さん、大川さんもそのメンバーだ。他には、本田技研工業（現ホンダ）社長の河島喜好さんなどもいた。もともと田渕さんは、ＡＮＪのメンバーである建設関連機材大手の岡部株式会社の岡部亭さんより、紹介を受けたのがはじまり。さらに、そこから江副さんやホンダの河島さんなども紹介を受け、どんどん輪が広がった。田淵さんは、山王経済研究会に入会、江副さんには、ＡＮＪ新経営者クラブや山王経済研究会にも入会していただいた。

田淵さんもわたしも交友関係が広かったから、誰と誰とで集まって一杯やろうとなると、即座に集めることができた。気心を良くしようということだったのだ。そんな関係でリクルートの江副さんともよく会っていたし、角田さんともＡＮＪ新経営者クラブで知り合っていた。

角田さんは人柄も良く、面倒見の良いタイプの人だった。ＡＮＪ新経営者クラブを設立したとき、初代会長には消波根固《しょうはねがため》ブロック（テトラポッド）を製造する東証１部上場企業の技研興業創業者、岩佐信幸さんが就いた。岩佐さんは中曽根さんの後援会の世話人代表も務めてくれていたのだが、２年ほどで辞めてしまった。会社が厳しくなったのだ。一時、わたしも相談を受けたことがある。

誰かお金を工面してくれるような人を知らないかと頼み込んできたので、株を店頭で公開していた角栄建設の角田さんに声をかけた。

「岩佐さんが資金繰りに困っているのだが、角田さん、協力してくれませんか」

「それは、前向きに対応させてもらいます」

岩佐さんは「ありがとう。ありがとう。こういう友達がいてくれる。これこそが本当の友達だ」と喜んでくれた。後日、３人で夕飯をともにした。結果、角田さんは岩佐さんに億単位の支援を行った。

結局、技研興業は業績回復には漕ぎ着けず、１９７０年（昭和45年）に倒産。角田さんが弁護士とともに一緒になって管財人になった。弁護士と再建に向けて財務・営業を統率し、1973年（昭和48年）には債務完済前に更生手続きは終了し、今では東証1部上場企業として甦っている。そのときは角田さんも銀行利子くらいの返済を求めただけだった。

技研興業はもともと技術力もあり、台風などの際の湾岸防災には必需の商品を製造していたので経営再建を実現することができたのだ。岩佐さんは台風の襲来や進路をいつも気にされていたことを思い出す。

「日本列島改造論」を唱えた田中角栄元首相の人柄

わたしと角田さんとの付き合いは長い。角田さんも顔が広く、角栄建設という社名から政治家の田中角栄さん（元首相）を知っているかという話になったことがあった。もちろん角田さんは田中角栄さんをご存知で、紹介してもらうことになった。その頃、田中さんはロッキード事件後で政治家としてのピークは過ぎていた。わたしは角栄さんを激励する同志を集めた。それに対し、田中さんはそのときは涙を流さんばかりに感謝してくれた。その田中さんについては後ほど詳しく書こう。

角田さんは生涯を仕事に捧げたような人で、大変な苦労人である。

江副さんと同時期にわたしと人生の荒波を渡った一人の経営者だ。

わたしは人と人の間に立つ役回りをしてきた。山王経済研究会やＡＮＪ新経営者クラブで知り合った経営者同士の間に入り、両者を結び付けてきたのだ。また、政治家と経営者とのつなぎ役もやってきた。ＡＮＪ新経営者クラブに所属していた江副さんや秀和の小林茂さんなどと幅広く交流の輪を広げてきた。

政治家と経済人の結びつきはなかなか微妙なものがあるが、それでも、いい国づくりを進める、いい社会をつくるためには経済人として政治家を支援することは民主主義国家にいる経済人として必要なことだと思う。

したがって、政治家の支援の見返りを求めるような人はすぐに辞めていった。わたしはそれでいいと思っている。メンバーは国家社会のために政治家を支えようとする人でなければならないからだ。政治が安定し、国民経済に役立つ政策を打ち出すことで経済がよくなる。政治が不安定であれば経済もよくならない。われわれ産業人、経済人も伸び伸びと仕事ができない。わたしが政治家の応援に動いたのには、こういう理由があったのだ。だからこそ政治家も経済人も自らの使命と役割についての認識を深め、互いの存在を認め合わなければならない。

経済人、特に創業経営者は自分が苦労して会社を立ち上げてきた人ばかり。中には成功していささか尊大に振る舞う人もいるかもしれないが、謙虚な人柄の経営者と会うと、実に爽快な気持ちになる。また実力のある人ほど謙虚である。その意味では、先ほど出てきた田中角栄元首相もそれができたリーダーである。

生前の田中角栄さんとこんなやりとりをしたことがある。ある会合で田中さんにお会いしたのだが、それが初めてではなかったので挨拶をしに近づいた。

「田中さん、神谷です」

田中さんは一瞬、ピンと来ない表情をされた。ところが、こう切り返してこられたのだ。

「いやいや、君。下の名前だよ、下の名前！」

「あっ、一雄です。神谷一雄です」

「そうそう、君。知っているよ。神谷一雄君」

角栄さんは相手に自分の名前を言わせたのだ。だから間違いようがない。相手に忘れているなと思わせず、嫌な気分にもさせない。しかも親しみが持てる。挨拶しても横を向いている人と、そう親しみを込めて言ってくれる人とでは、こちらの受け止め方も全然違うものだ。ソニー創業者の盛田昭夫さんも似たような才覚を持っておられた。盛田さんに挨拶をすると「あなたのことは、よく存じあげています」という返事をもらった。盛田さんもやはり気配りの人だ。もともと酒屋の息子で、人と人との関係を丁寧にされていた。

田中さんはその後、刑事訴訟の被告となられたが、わたしは田中さんを囲む会を作った。人からみれば、なぜそんなことをやるのかと不思議に思われるかもしれない。しかし、わたしは田中さんが国民を豊かにしようと日本列島改造論を発表して、新幹線や高速道路などを次々と作られ、国民、殊に地方で生きる人たちに夢と元気を与えてこられた功績は大きいと思う。今で言う地方創生論を40年前に政策として実行してこられた行動力と構想力は大いに評価されてしかるべきだと今でも思っている。

志ある政治家との付き合いから学んだこと

他にも政治家との付き合いはたくさんある。

例えば、元首相の竹下登さんだ。竹下さんが自民党幹事長のとき、知人の紹介で知り合い、わたしたちの経済人グループでも後援会をつくらせてもらった。この竹下さんを応援する会は竹下さんが亡くなる２０００年（平成12年）まで続いた。幹事長時代につくった会だったが、竹下さんはその後首相にまで上り詰めた。だが、竹下さんも消費税とリクルート事件で退任に追い込まれたのは残念であった。

それから安倍晋三首相の父・安倍晋太郎さんとの交友。中曽根さんは、安倍さん、宮澤さん、竹下さんの３人の中から誰を後継者に選ぶかという時期のこと。安倍さんの祖父である岸信介さんとも多少面識があったので、すぐ打ち解けあった。ただ残念なのは、それからほどなくして安倍さんは順天堂大学医学部附属順天堂医院に入院し、わたしが見舞いに訪れてから間もなく亡くなられた。

元外務大臣の渡辺美智雄さんは、ＣＳＫ創業者の大川さんが一生懸命支援していた。後になって、渡辺さんは中曽根派からは離脱したが、大川さんとわたしは変わらず支援を続けていた。そんな中、発想力もあり、ユニークな意見を述べる日本マクドナルド創業者の藤田田さんにも支援の輪に加わってもらった。渡辺さんがエイズ問題で奔走してくれたのは前述の通りだ。

渡辺さんの政治家としての魅力は、何といっても抜群の行動力。何か問題が起これば、その解決を求めてすぐ行動に移される。渡辺さんは外務大臣に就く前までは、大蔵大臣（現財務大臣）や通産大臣（現経済産業大臣）を歴任しており、金融関係者にはとにかく顔が広かった。渡辺さんが電話をすると、銀行の頭取でも会社の社長でもみんな電話に出て対話をしておられた。税理士経験もある渡辺さんは企業の財務状況を読み解くことにも明るかった。

安倍晋太郎さん、渡辺美智雄さんが健康を害することなく、首相になられていれば、その後の日本の政治の混乱もなかったのではないか、と私は思っている。

義理堅い政治家・森喜朗元首相

50年ほど前から知り合いなのが森喜朗さん。石川県出身の森さんだったが、わたしと森さんの初対面の場所は愛媛県。井関農機株式会社の専務室だった。松久株式会社が株式を公開する１９６３年（昭和38年）頃、当社の株式を井関農機に保有してもらいたいと、同社の創業者である井関邦三郎さんの息子で専務の昌孝さんに会おうとした。会社に伺うと、「今、会議をしていますから少し待っていてください」と秘書らしき人物が出てきた。これが森さんだった。森さんは産経新聞社の記者を務めた後、井関農機に一時的に在籍していたのだ。

森さんは井関農機の取材中に岸信介さんの側近だった衆議院議員の今松治郎さんと知り合い、政治家を志すことになった。邦三郎さんと今松さんが同郷の同級生で、昌孝さんは日本青年会議所に所属していた。森さんは昌孝さんと親しくなった後、「今松さんの選挙を手伝ってみないか」と持ちかけられ、それを承諾し、今松さんの秘書

平成12年5月、森喜朗氏と

を務めた。ちなみに、当時の青年会議所で頭角を現していたのが、ウシオ電機の牛尾治朗さんで、わたしも所属していた。実は、牛尾さんには、YPO（Young President's Organization）に誘って戴いていた。YPOは、世界的なビジネスリーダーの交流団体。わたしも、非常に興味を覚えたのだが、その時既に数多くの団体に所属しており、お断りしてしまった。もし、そのお誘いを受けていれば、わたしのネットワークももっと広がっただろうし、経営者としても、もっと成長できたのではないか、と今さらながら、悔んでいる。

森さんが1969年（昭和44年）、衆議院議員に初当選して国会議員になってからしばらくして、1992年（平成4年）、通産大臣（現経済産業大臣）に就任した頃、森先生の後援会をつくった。

当時の森さんは将来を嘱望された若手政治家。早速、森さんのところに行って挨拶すると、森さんは昔、わたしと会っていたことを覚えていた。一方でわたしはすっかり忘れていたので、森さんから「神谷さんは井関農機に来ていましたね」と言われてやっと思い出した。

２０００年（平成12年）、脳梗塞で倒れて緊急入院した小渕恵三首相の後を継ぐ形で森さんは首相に就任。だがその翌年、事件が起こる。ハワイ沖で日本の高校生の練習船「えひめ丸」が、アメリカ海軍の原子力潜水艦と衝突して沈没したのだ。日本人9名が死亡するという「えひめ丸事故」が発生したとき、森さんは休暇でゴルフ場にいた。それが誇張されてテレビなどで報道されると、森さんに対する国民の反発は高まった。真冬の時期に真夏のゴルフウェア姿が映像で流れるなど、首を傾げたくなるような内容だった。

わたしはこのとき首相官邸に行って、森さんを激励した。しかし、まもなくご自身の健康問題もあり首相を退任することになった。

今でも森さんの後援会は続けているが、森さんは律儀で義理堅い人だ。そして几帳面で、とにかくよく行動する政治家だと思う。それだけに自分にも厳しいが、相手に対しても厳しい。だから約束はしっかり守る人でもある。連絡しても折り返してこなかったり、時間を守らなかったりすることは非常に嫌がる。森さんは義を重んずる人なのだ。

代議士引退後も日本のために走り回っておられる。特に東京オリンピック・パラリンピック競技大会組織委員会の会長という重責を担い、世界各国からの協力を得ようと、日々精力的に動いておられる。特に森さんに期待されるのがロシアとの関係だ。森さんはプーチン大統領とのパイプが太く、毎年ロシアを訪問した際にはプーチン大統領と面会している。

プーチン大統領はロサンゼルスオリンピックの柔道金メダルリスト・山下泰裕さん（東海大学体育学部教授、日本柔道連盟理事）を尊敬している。プーチン大統領は柔道家で柔道精神も心得ている。プーチン大統領にとっては、その道の第一人者である山下さんに魅《ひ》かれるところがあるのかもしれない。そこに森さんも加わった。

首相を辞めても、これだけ活躍している人物はいないのではないだろうか。国を一つにまとめるため、リーダーである自分が威厳をもって指揮を振るう。たくさんの利害関係者がいる中でも、自らの政治的信念を持って社会を引っ張っていく。そのための知恵をあれだけ持っている人は少ないと思う。その知恵や知識の幅にはいつも驚かされる。

例えば、都市計画についても森さんは非常に明るい。森ビルの森稔さんとも親交があり、後援会の会合でも都市問題について突っ込んだ話を交わしていた。聞けば、森先生も、森ビルの森稔氏も同じ理容室に行っており、森先生が理容室にいると聞けば、森稔さんは、森先生が散髪をしている間に、都市政策に関するＤＶＤを見せたり、隣で都市政策を語ったりしていたようだ。二人には、本当に感心させられた。森先生は、問題の本質、ポイントを咄嗟につかむ政治家である。

他にも、官房長官や財務大臣、金融担当大臣を務めた与謝野馨氏、農林水産大臣を務めた島村宜伸氏は、中曽根さんの秘書を務めた中曽根門下生であり、長くご交誼いただいた。また、ご尊父からのご縁もあり、現在の安倍晋三首相をはじめ、外務大臣も務めた中曽根弘文さん、みんなの党を創設した渡辺喜美さんなど、いずれも、初当選直後からわたしが、後援会を立ち上げるお手伝いをした。

政治が安定すれば経済も成長する——。これがわたしの持論だ。政治を安定させるためには国家や国民のために、そしてアジアや世界の発展のために行動する政治家を支援しなければならない。それが経済人の役目だと思う。

第6章

流通再編の舞台裏

清水信次氏

ライフコーポレーションと長崎屋・幻の合併話

1985年（昭和60年）のプラザ合意以降、日本は超円高に見舞われ、輸出産業の構造転換と国内需要の拡大という二つの課題を解決しなくてはならなくなった。これを契機として、民間主導での国内での不動産開発が活況を呈することになる。

不動産開発の活況は都心部などでの地価の高騰を招き、やがて資産バブルといわれる状況を作り出す。中堅や中小でも都心部の好立地なところに物件を所有している不動産会社には大きなビジネスチャンスが巡ってくることになったのだ。

1957年（昭和32年）創業で千代田区麹町に本社を置いていた中堅の不動産会社であった秀和が注目をされるようになったのもこの頃だ。ただし、オーナーで創業者である小林茂氏がこの時期に注目されるようになったのは、不動産よりもむしろ株式の買収においてであった。

当時、小林氏は、食品スーパー大手のライフコーポレーション創業者で社長であった清水信次氏とは、大東亜戦争で従軍した際の戦友であった。

小林氏は清水氏のことを「友だちだから」と言っていた。その清水氏からこんな話を聞いた、と小林氏から聞かされた。

とにかく今は流通業界で企業が乱立している。これを合従連衡したいのだ、と。

合従連衡を大義名分に小林氏はいろいろな流通業界の会社の株式を買収し始めた。

秀和もしくは小林氏が当時、買収した流通会社には、伊勢丹、忠実屋、長崎屋、松坂屋などがあった。小林氏による株式の買収もあったために、長崎屋も忠実屋も伊勢丹も、株価が一時、１０００円ぐらいから８０００円近くにまではね上がった。

しかし結局、この段階では流通業の合従連衡、再編は行われなかった。

小林氏はまず、ライフコーポレーションと長崎屋の両方の株を買収して、両社の大株主に就いた。

わたしは小林氏から「神谷さん、この二つの合併にひとつ骨を折ってくれ」と頼まれた。

わたしはライフの清水氏も、長崎屋創業者の岩田孝八氏もよく知っていた。それぞ

小林茂氏

れお互いの会社の役員に就くほど仲のいい関係だった。だからわたしが仲立ちとなって2回ほど両氏の会合の場を設けたと記憶している。

しかし岩田氏は長崎屋の方が資産が多いのだから合併比率は6対4でいくと最後まで譲らなかった。それがあだとなって結果的には物別れとなった。もし合併比率が5対5だったら、この合従連衡は成功していたと今でも思う。その後の長崎屋の紆余曲折や、ライフストアの成長をみれば、この合併が上手くいっていればと悔やまれてならない。

忠実屋・いなげや事件（1989年）、ダイエーと忠実屋ほか4社合併（1994年）

ダイエーによる忠実屋の合併は、ダイエー創業者でオーナーだった中内㓛氏に忠実屋の株を持ったらどうか？　と、当時、忠実屋の株式を保有していた秀和・小林氏の方から働きかけたことが発端だった。

最終的に忠実屋は1994年（平成6年）に、ダイエーによって吸収合併されることになり、その歴史の幕を下ろすことになる。

その前に忠実屋は、秀和の小林氏による株式の買収に対抗して、同じく秀和に買収されていたいなげやと相互に株式を発行するなどしてこの買収に対抗し、いわゆる忠実屋・いなげや事件を起こしていた。この対抗策は、秀和からは著しく不当な株式発行だとして差し止めの仮処分申請が裁判所になされ、その民事訴訟では1989年（平成元年）に差し止めが認められ、秀和側の全面勝利に終わっていた。

中内氏が小林氏に「あなたはいったいどれぐらい忠実屋の株を持っているのか？」と聞いた。

「3割近く持っている」と小林氏が答えると、今度は中内氏が「では、とりあえずそれを担保にして金を貸しますよ」と小林氏に伝えた。小林氏は忠実屋株を担保にダイエーから200～300億円を借りることになった。

中内氏は内心、忠実屋の株を担保で持っていれば、いずれ忠実屋の合併に持ち込めると考えていたのではないか。ダイエーは当時、関東に店舗が少なかったので、関東地区に店舗網を多く持つ忠実屋をグループに取り込めばダイエーにもメリットが大きいと考えたからだ。

秀和の小林氏の方も、合併ということになったら担保に出している忠実屋株を全て、ダイエーに相応の値段で引き取ってもらえるうえ、合従連衡にも繋がるので、保有していた忠実屋株の出口戦略としては、これは渡りに船の話だった。

中内氏はわたしが始めた中曽根康弘元首相を囲む会、山王経済研究会の関西の関係をまとめていただいていた親分的存在だった。だからわたしとも心安い関係だった。

わたしは最初、小林氏から、中内氏に忠実屋を合併する気があるか聞いて欲しいと頼まれた。中内氏に会って意思を確認すると、「話がうまくまとまれば、忠実屋との合併は自分の望むところだ」と考えていることがわかった。

小林氏にそう伝えると、ではまた両社の合併のために骨を折って欲しいと頼まれた。わたしがこの合併交渉を仲介することになった。

ダイエー・中内氏から忠実屋・谷島氏のポストを確約

忠実屋の当時の社長は、西友出身の谷島茂之氏だった。

実は忠実屋は当時、わたしの会社でやっていた成田の流通センターの横に出店するということで、わたしの会社と契約を結んでいた。結局、忠実屋はその近隣にイトーヨーカ堂が出店することが決まったため、出店計画を取りやめた。すでに、建物工事が始まっていた段階で忠実屋が出店しないことでわたしの会社が損害金を受け取ることになった。そうした関係があったので、谷島氏のことをよく知っていた。

その前に、実は秀和による忠実屋株の買収の件で、忠実屋の戦後の創業者である会長（高木吉友氏）にわたしは会っていた。秀和が持っている株を引き取らないか、と創業者にわたしが直接、交渉したことがあったからだ。そのことを谷島氏は知っていた。

谷島氏には「忠実屋の株は３割は中内さんが（担保として）持っている。株主総会で全面的に対決するようなことになったら、あなたが社長でも大変でしょう。ここは合併に応じて会社を大きくすることが一番ではないか」と提案し、谷島氏と何度か交渉の機会を持った。

谷島氏は「忠実屋は全役員とも創業者の息のかかった人が就いている。わたしも西友にいたとき親父（創業者）の関係で雇われてここに来た。創業者には恩義もある。それを裏切ることはできない……」と話していた。

創業者の息子（高木國夫氏）も副社長に就いていた。役員は皆、創業者の世話になった人ばかりだから、身売り話を承諾させることは相当、難しい。しかし、わたしも小林氏と中内氏から頼まれたから、引き下がるわけにはいかない。

中内氏と会い、「あなたは忠実屋と合併したら、谷島氏の処遇をどのように考えているのか。相応のポストを用意してくれるか」と問いただした。中内氏から「それはちゃんと約束する」との約束を取り付けた。

そのあいだにいろいろなことがあったが、中内氏からは「神谷さんが仲介に入っているから心配ない」と言ってもらえたことは心強かった。

中内氏からは、ダイエーのグループに入ったほうが会社の規模を大きくできるし従業員のためにもなると、何とか忠実屋の役員たちを説得することをわたしは期待されていた。

忠実屋・創業者が亡くなり流通業界も下降線へ

そのうち忠実屋創業者の高木氏が病気で入院した。入院したときはすでに末期の状態だったらしい。谷島氏もこういう厳しい状況下で前向きに交渉に応ずる気持ちが出たのかも知れない。合併に向けて何とか骨を折りましょう、という考えに変わっていった。

高木氏に面会するため病院へ行くと既に面会謝絶だった。谷島氏に、高木氏の復帰は難しいのではないか、だからあなたが合併に応じることを決断してももう高木家とは関係がないのではないか、ダイエーとの合併は従業員のためになるし株主も喜ぶ。株価も上がるし、決して悪い話ではない、あなたも社長を続けたらどうか、と示唆した。いずれにしても役員会で決まらないことにはどうにもならない。

そのうち、この合併話が新聞記事でスクープされた。

この記事を見て、今度は忠実屋の労働組合が反対を言い始めた。反対していたのは小さな労働組合だった。中内氏へも合併に反対の書面を出したりした。ダイエーの労働組合にも行って「自分たちはあなたたちの手下になるのは反対だ」と言い始めた。労働組合の上部組織にも反対要請の活動を始めていた。

しかしわたしは忠実屋の取締役会でダイエー・グループ入りの方針を決めれば、労働組合は問題ない、と考えた。なぜなら流通関係の労働組合は全面ストをやって戦うほどの力がないのでは、と考えていたからだ。それは10日間も1カ月もストライキを打たれたらたまったものではないが、現実的にはできないだろう。それは谷島氏もよく知っていた。

ついに、忠実屋で取締役会が開かれ、ダイエーとの合併に応じるかどうかが審議された。副社長以下反対4人、谷島氏以下賛成6人でダイエーの傘下入りが決まった。

中内氏のダイエーはその頃、株式時価総額がかなり高くなっていた。細かい保有比率は忘れたが、ダイエーは忠実屋の3割以上を持つことになった。秀和から担保にしていた株式の名義をすぐに書き換え、事実上の吸収合併へ進んだ。

谷島氏も、ダイエーの副社長を経て、ダイエー・グループのホテル会社の社長職を務めるなどした。

証券会社からもこのM&Aが成功裏に終わったことは良かったと言われた。このM&Aは関係者全てにとって良い結果となった。

この時は、バブル崩壊と消費の低迷によるダイエーの行く末を、まだ知る由もなかった。

長崎屋買収騒動のその後

秀和・小林氏は引き続き、長崎屋株を3割近く持っていた。

長崎屋創業者の岩田孝八氏からは、この株の引き受け手に関しては是非、おかしなところへ株が渡らないようによろしく頼む、とわたしは言われていた。けれども流通業界の環境が急速に悪くなりはじめていたため、この株は流通業界からは、どこにも引き受け手が現れそうにない状況になっていた。

出店のために巨額の融資を受けていた大型店舗を持つ

岩田孝八氏

長崎屋などの大手の流通業者は、銀行への返済余力が次第に弱まってきており、岩田氏を含めて銀行に対し、強い態度に出られない状況になっていた。

結局、銀行と交渉しないことには、この問題は片づかない状況になった。

長崎屋のメーンバンクは第一勧業銀行（現みずほ銀行）で、長崎屋はメーン行を中心に銀行に多額の借金があった。長崎屋案件は、第一勧銀では当時の専務取締役が担当していた。

秀和の小林氏は、長崎屋株は他の流通業者へ安く売るか、銀行に引き取らせるかだと言った。わたしは銀行の方と交渉してくれないかと小林氏から頼まれた。

第一勧銀は当時、副頭取の内田恒雄氏が交渉の窓口となった。内田氏は当時の頭取だった奥田正司氏ともほぼ同期だった。わたしは奥田氏と内田氏との3人で、頭取の部屋で長崎屋株をどうするか話し合った。

わたしは第一勧銀の副頭取に対して、長崎屋株を買い取るしかないのではないか、と申し上げた。でなければ長崎屋を見捨てることになるし、メーン銀行がこれだけ大きな流通業者を助けられなかったら信用に関わるのではないか、ということを示唆した。すると彼らも銀行で株式を引き受けることを考えるしかない、という方向に傾いた。頭取と副頭取なので、２人で方針を決めればほぼ決定だった。

第一勧銀には当時、宮崎邦次氏が会長に就いていたが、その後、第一勧銀は総会屋への利益供与事件を起こして大混乱に陥り、その混乱の中で宮崎氏が責任を取って自殺してしまったり、内田氏も退任に追い込まれたりした。宮崎氏にはわたしの娘の結婚式にも出ていただいたので、大変残念な出来事だった。

話は戻るが、交渉は相当、長引いたが結局長崎屋株は第一勧銀が引き取ることになった。ただその間に長崎屋の株価はどんどん下がっていき、小林氏は早く引き受けを決めて欲しいと毎日やきもきしている様子だった。そのときは１日で数千万円の損が出る、といった株価の下落の仕方だったと思う。

同業他社では長崎屋株を引き受けるところはもうなかった。結局、小林氏は「神谷さん、あなたに全部任せるから早く売却を決めてくれ」と言うので、わたしはいよいよ第一勧銀側との価格交渉に臨むことにした。

銀行も株価が下がっていることがわかっているので、こんな額なら引き取りますよと、相当、値切られた。これにはわたしも困った。そこで「それではわたしの顔もつぶれるし、小林さんが方々に投げ売りをし出したらメーン行としてはかえってみっともないですよ。収まるところで収めましょう」と、穏当な価格での引き受けに落ち着かせることができた。

その後、秀和・小林氏が保有していた長崎屋株は全て第一勧銀を通じて系列企業5社に引き取られ、この問題は片付いた。

伊勢丹・小菅氏と秀和による株買い占め

長崎屋問題の解決に向けた第一勧銀との交渉と並行して、秀和・小林氏の伊勢丹株買収にも関わった。

伊勢丹の株価もその頃から急激に下がり出していた。高値の8000円ぐらいから雪崩を打ったように下落が続いた。

バブル崩壊が始まった真っ只中で、証券市場全体がどんどん下がっていた時期だ。流通株だけではなく、ほとんどの株価が下がっていった。

伊勢丹の株価が6000〜7000円になった頃、小林氏が「神谷さん、伊勢丹には創業家の小菅国安《こすがくにやす》氏が社長に就いているが、彼と会わせてくれないか」と言ってきた。小菅氏は商工会議所の議員だったからだ。

小林氏によると、伊勢丹はシンガポールに店を出したけれどあまりうまくいかずに困っている。メーン行の三菱銀行も困っている。それは小菅氏がメーンを三和銀行（現三菱東京ＵＦＪ銀行）に乗り換えようとしているからだ、ということだった。

わたしが小菅氏に直接、電話をしたら本人が出て、「秀和の小林氏があなたと、今後の伊勢丹をどうするかを話し合いたいと言っている。あなたは三菱銀行との関係がうまくいっていないようだから、ひとつあなたを盛り上げるために会いましょう」ということを伝えたら、小菅氏からは「わかりました。それはありがとうございます」と返事をもらった。しかし、会席にはついに現れなかった。

小菅国安氏

結局、本人も勇気が出なかったのだろう。そんな席に顔を出したら、三菱銀行からはにらまれることになる。他からもにらまれる。というのも小林氏はすでに伊勢丹株を買収しており、伊勢丹の敵になっていたからだ。周りからは「あいつはとんでもないやつだ」という声をたくさん聞いているはずだった。

三菱銀行としても、秀和には多額の融資をしているのに、我々に刃を向けてきた、と感じただろう。伊勢丹としても、あんな男が我々の株を買うなんてけしからんといった雰囲気。伊勢丹は、三菱グループにこそ属してはいないが、会長に何代か三菱銀行から人が送り込まれていることもあるほど、親密であった。だから皆、アンチ小林になっている。これまでの忠実屋や長崎屋とは事情が全く違っていた。

だから結局、小林氏は小菅氏を立てて戦うしかない。小林氏はそういう戦術を考えるのは得意だった。小菅氏を立てて三菱銀行には手を切ってもらう。

小林氏にとっては小菅氏を盛り立てて株価を上げよう、ということだったと思う。

秀和は当時、三和銀行とも取引が深かった。

当時の三和銀行頭取と新橋の料亭で会食をした際の話を小林氏から聞いた。

小林氏がいうには、三和銀行は当時、伊勢丹の小菅氏を焚きつけて、メーンバンクだった三菱銀行と手を切らせ、伊勢丹と三和銀行で株式の持ち合いを行わせたり、子会社の証券会社を社債発行などの主幹事の座に収めたりしたいと考えていたようだ。だから、小林氏は保有する伊勢丹株は三和銀行が当然、引き取るものだと考えていた。いっそのこと伊勢丹を三和系の百貨店にしてしまえばいい、ということを話したようだ。

三和の頭取は、伊勢丹株は引き取ると言った。その言葉を信用して小林氏は市場から株式をどんどん買い増しした。買い増ししても後で三和が引き取ってくれるわけだから、こんなにいいことはない。だから株価はどんどん上がっていった。伊勢丹の株価が上昇して、ついに1万円近くなった。株価は上昇するから株主は大いに喜んだ。

当時はまだこの案件は覆面買収だったが、株価の動きを見れば小林氏が伊勢丹株を買っていることは皆、だいたい分かっていた。

伊勢丹株も下落で八方ふさがり

結局、伊勢丹の株価も最終的には下がり出した。

その後の三和銀行との話し合いには、常務と取締役の2人が出てきた。

最初、わたしが小林氏と同席すると、彼らは「この人はどういう人ですか。第三者が入られたら困る」と言って怒っていた。それはそうだろう。わたしが仲介していることなど、先方は全く知らないのだから。

小林氏は彼らに「わたしの代わりを全部やっている人だから、この人がうんと言わなければ決まりませんよ」と話したので、彼らも納得した。彼らとはそのときが初対面で、その場で名刺交換をしたことを覚えている。

小林氏は「わたしは頭取の約束を取り付けている。証拠もちゃんと持っている」と彼らに伝えた。わたしもそのときは小林氏がどんな証拠を持っているか知らなかったが、小林氏は「約束した証拠を持っているから訴訟をしても負けない、さあどうする?」と強気だった。彼らはただただ「そこをどうにか」と頭を下げるだけだった。

頭取が何を約束したか、彼らも頭取から聞いているはずだったが、とにかくなだめてこい、ということだったのだろう。その場では彼らはただ頭を下げるばかりで、「今はちょっと三和で引き取るのは難しい」の一点張りだった。

当然のことながら、小林氏は大変怒った。

「神谷さん、どうする、訴訟を起こすか。その間に株価はどんどん下がる。6000円から5500円と、毎日下がっていく」と小林氏。

わたしは小林氏に、訴訟を起こして勝つ証拠があるのかと尋ねると、小林氏は「頭取本人が約束した。だから株を買い増ししたのだから」と言っていたが、頭取個人の口約束がどれぐらいの証拠になるか疑問だった。それに訴訟となると結果が出るまでに下手をすると、５年も10年も時間がかかる。それよりも一刻も早く株式を現金にすることの方が大事ではないか、と説得した。

結局、わたしは三菱銀行との交渉を行うことになった。

小林氏によると、スーパー業界で伊勢丹株を引き受けてくれるところを探す役は、イトーヨーカ堂の伊藤さんと親しかったこともあり、西友にいて不動産取引を手がけていた遠矢《とうや》洋二氏にお願いした、ということだった。

遠矢氏はイトーヨーカ堂と交渉を始めた。相手は鈴木敏文氏（現セブン＆アイ・ホールディング会長）と聞いている。イトーヨーカ堂は当時、郊外にロビンソン百貨店などを傘下に置いていたが、都心の老舗百貨店を欲しがっていたようだ。また、小林氏の方から見ても、「合従連衡」の大義が成り立つ。

わたしの想像だが、三和銀行が伊勢丹から手を引いた理由については後から分かった。

三和銀行がメーン行である髙島屋が、新宿に進出することを決めたからだ。新宿でこれから百貨店戦争が起きるというのに、その両方のメーン行になっていたらまずい、ということになったのだ。そうわたしは見ている。それは仕方がないだろうと思った。

イトーヨーカ堂は、創業者の伊藤雅俊氏が横浜市立商業専門学校（現横浜市立大学）を卒業後、三菱鉱業（現三菱マテリアル）に入社、それから母親がやっていた洋服店の経営を引き継いでここまで会社を大きくした。だから三菱グループには何となく親しみがあったこともあると思う。

それで、三菱銀行を敵に回したらいけないと考えたのだろう。伊藤氏は実際、三菱会の会長を務めていた伊夫伎一雄・三菱銀行会長をこの件で訪ねていた。伊夫伎氏に伊勢丹を買ってもいいと言わせようということだったのだと思う。

伊藤氏が三菱銀行を訪ねると、伊夫伎氏からわたしに電話があった。「今日、伊藤さんが来られました」と。

そこでわたしは「伊夫伎さんは何とおっしゃったのですか?」と聞くと、伊夫伎氏は「『わたしの方からは何とも申し上げられません』と申し上げた」、ということだった。さすが三菱銀行だと思った。

株は市場に出ているのだから、買おうと思えばいくらでも買うことができるはず。それを買ってはいけない、とは言えるはずがない。どうこう言えるはずはないのだから、何も申し上げられない、という。これは暗に、イトーヨーカ堂による伊勢丹株の買収はお断りしたい、という意味だったのではなかろうか。

そのうちに、バブルの崩壊により、株や不動産などの資産は凄まじい勢いで下落していき、小林氏の資金繰りが段々と窮屈になってきた。それまで秀和に無担保で融資していた銀行も、担保を付けるようにうるさく言うようになってきた。

小林氏が銀行から無担保で融資を受けられたのは、それだけ信用力があったからだ。不動産をあちこちに持っていたので、銀行もこのビルを担保に付けるようにとか、この分の融資は返済するようにとか、名義の書き換えは認めないなど、厳しい条件をつけ出した。

伊夫伎一雄氏

秀和が保有する株は、市場ではどんどん株価は下がる一方で、秀和は評価損が出始めた。どの株も株価が比較的高いときに買っていたから、大幅に評価損が出ていたのではないだろうか。

わたしはこのへんで伊勢丹株の決着をつけないと、どうにもならなくなると感じた。わたしはイトーヨーカ堂との交渉内容は知らされていなかったし、小林氏はただ「うまく行っている」と言うだけだったが、わたしはこの案件はもうイトーヨーカ堂側は諦めたのではないかと勘づいた。このへんで手を打とうと小林氏に提案した。三菱銀行とは1年ぐらい交渉した後だった。

三菱銀行側の窓口は副頭取の高橋貞巳氏だった。その後ろに伊夫伎会長がいた。交渉には副頭取と、ときたま会長が出てきた。

三菱銀行の人たちは「神谷さんに手伝ってもらうのは少し筋道が違うのでは?」と表向きは言っていた。

伊勢丹の主幹事証券会社は日興證券、三菱銀行の主幹事も日興證券だった。日興證券会長の梅村正司氏と社長の岩崎琢弥氏の2人を呼んで、わたしも出席して、伊夫伎会長と高橋副頭取が、この案件を誰が手がけるのが相応しいかを話し合うための場を設けた。

銀行側はこの案件は日興證券にやってもらいたいと考えていた。ところが日興側は

「小林さんは我々の手に負えない」と断ってきた。

梅村氏とわたしは、以前から面識があった。梅村氏は「神谷さんと小林さんは一番の友だち同士だから、これはあなたにしかできない。一つお願いします」とその場で頭を下げた。岩崎氏もそうしましょう、お願いします、と言った。

主幹事証券からそう言われたから、これで三菱銀行もこの案件については堂々とわたしにお願いする、ということになった。昔ならこういう案件はフィクサーの大物にお願いする、ということになっていたかも知れない。

それから本腰を入れてわたしとの交渉が始まった。

価格交渉で攻防

伊勢丹の株価はどんどん下がり、小林氏も融資元の銀行から強く言われ始めた。ここで見切りをつけなくてはいけない。伊勢丹株をどう処理すればよいか。小林氏は常時他社の株を含めて2億株ぐらいを動かしていたので、株価が100円動けば評価額が200億円変動した。だから1円単位まで価格交渉の攻防がたいへんだった。小林氏の性格はよく知っていた。万一、小林氏がその日決めたことを次の日に撤回することがあっては、わたしの立場も困る。

とりあえず伊勢丹の案件はわたしに任せると一筆書いて欲しいと小林氏に頼んだ。そうしようと言ってすぐ書いてくれた。三菱銀行にもわたしに一任してくれるかと聞いたら、「ここまで来たら神谷さんに一任するしかない」と答えた。

あの当時、髙島屋株が1100円ぐらいだった。一方、伊勢丹の株価は1650円だ。小林氏が買い支えているから、少し割高となっていた。

わたしは同業の髙島屋の株価を基準に価格を決めて、三菱銀行と小林氏の両方の了解を取り付けた。

そのときは三菱銀行側から、取引をだいたい1週間後にしたいという申し入れがあった。というのも銀行法に基づいて、取引関係のある会社の株をそれほど大量に保有することはできないからだ。

1週間のあいだに、三菱銀行は動いて、株の割り当てを行う体制を整えた。秀和の保有する全ての株は、オンワード樫山、清水建設や三陽商会など、伊勢丹の仕入れ先や三菱グループなど41社に持ってもらうことになった。

伊勢丹はその当時は小柴和正氏が社長だったが、わたしは小柴氏とは直接交渉することはなかった。それでも問題はなかった。取引は全て、三菱銀行主導で行っていたからだ。各新聞でも、この件は大々的に取り上げた。

だから伊勢丹はその後、三菱伊勢丹などと言われるようになってしまった。

ただ、この結果には、伊勢丹経営陣も安堵したらしく、小柴氏もわたしのところに来ていただき、丁重に御礼を述べていただいた。

泣き言は決して言わなかった小林氏

伊勢丹株の引き受け手が決まる1カ月ぐらい前から、どこで調べてきたのか新聞記者が連日、夜遅くに、わが家の前で夜討ちをかけてきた。「今日はどうなりましたか？」と聞いてくる。わたしは「いやわたしは関係ないから」と答えると「そう言わずに言ってくださいよ」と粘られた。毎晩、家の前に車が止まっていた。2、3社は来ていただろう。

おそらく三菱銀行の会長や秀和にも夜討ちを掛けていたのだと思う。

正式に発表をしたら各紙が報道した。その日から新聞記者は一切訪ねて来なくなった。神谷はいくら聞いても何も言わない、ということが広まったのだろう。

こうして三菱銀行による伊勢丹株のサルベージが成功した。

新聞紙上では、さすが三菱銀行は主力行として信頼できる頼れる銀行であると評せられた。副頭取の高橋氏が全部仕切ったとも大きく報じられていた。伊夫伎氏はもちろん、三菱銀行は、三菱グループ全体から評価を上げる結果となった。実際、伊勢丹の株価は取引を行った１９９３年（平成５年）12月末には１３５０円だったものが、わずか半年後の翌年７月には２２１０円にまで上昇した。

一方の小林氏は大変な損を被った。１万円近くまで上昇した株が、最後は千何百円で売らなくてはならなかったからだ。

「合従連衡」を大義に、流通株を買った小林氏だが結局、最後はその株で大きな損を被ることになった。バブル崩壊という時代の流れがそうだった。株価が下がる一方なのだから、これはどうにもならない。それにつれて不動産価格も下がり、銀行からも取立てが厳しくなる。秀和自体も厳しい状況のところに置かれていたわけだ。でも彼は泣き言は決して言わなかった。自分で失敗したのだから、泣き言は一切言わない。その点はたいしたものだったと思う。

ダイエーによる幻の松坂屋買収

秀和の小林氏は、松坂屋の株も発行済株式の15・７％を取得していた。小林氏は、都心の一等地にある店舗の有効活用を主張していた。ダイエーの中内氏は、この松坂屋株式の取得にも強い興味を見せていた。イトーヨーカ堂が伊勢丹株の取得に動いたように、当時の大手スーパーは百貨店を持つことに、強い意欲を持っていた。

ダイエーの中内氏は、１９８０年にフランスの百貨店、オ・プランタンと業務提携を締結し、神戸の三宮、札幌、銀座に「プランタン」の名称で百貨店を展開していた。それでも、伝統と格式のある松坂屋ブランドには、大きな魅力を感じていたのだろう。

しかし、名古屋では、松坂屋、中部電力、東邦ガス、名古屋鉄道、東海銀行（現三菱東京UFJ銀行）の老舗上場五大企業が5摂家と呼ばれ、名古屋経済を支えていた。そのため、松坂屋は東海銀行との関係が深かった。同時に、ダイエーも東海銀行との関係が深く、中内氏も東海銀行の意向を無視して話を進めることはできなかった。

中内氏は、東海銀行の頭取に了解を求めるため、電話を入れたようだが、「松坂屋株の件は、自分の方で決着をつける」と中内氏の意向は受け入れてもらえなかった。中内氏は、とても残念がっていた。

秀和・小林氏が目指した合従連衡

わたしはフィクサーではないし、M&Aを本業としている訳ではない。小林氏との友情、信頼関係から、これらのM&A案件の解決のお手伝いをしてきた。小林氏の代理人であるが、交渉は公正中立を旨とした。仮にわたしが、成功報酬で莫大な報酬を得るような立場であれば、双方の信頼は得られなかったかもしれない。また、小林氏の掲げた「合従連衡」から、20年以上の歳月が流れた今だからこそ、いろいろお話しすることもできる。もちろん、小林氏も商売人として、株による利益を上げることも大きな目的の一つであったと思う。しかし、わたしにはそれ以上の意義もあったと思えるのである。

当時は、百貨店とスーパーなどの量販店の間には、明確な線引きが存在した。量販店は、日用品から高級品まで扱う流通グループを形成するために百貨店を欲したが、百貨店は量販店を欲してはいなかった。百貨店と量販店では、扱うものが違う、歴史も文化も違う、どちらかといえば百貨店が量販店を見下していた。

しかし、今日では、百貨店と量販店の境界はなくなっている。また、百貨店も三越伊勢丹、大丸松坂屋など、20年前は想像もできないような「合従連衡」が行われている。

一方、量販店もダイエーがイオンの完全子会社となり、いずれダイエーの名称は消滅するなど、スーパーの「合従連衡」も絶えず行われている。

金融機関も同様で、東海銀行は、三和銀行と合併しＵＦＪ銀行となり、更に東京銀行と合併した三菱銀行と合併し、三菱東京ＵＦＪ銀行となっている。第一勧業銀行も富士銀行、日本興業銀行と合併。みずほ銀行となっている。

小林氏は、「合従連衡」を大義として、流通株の買い占めを始めた。バブルの崩壊もあり、この大義を貫き通すことはできなかったかもしれないが、その後の流通業界や金融界をみれば、この「合従連衡」の大義は決して間違っていなかったのではないか、と今振り返って、改めて思うものである。「合従連衡」は、一つの時代のキーワードなのであった。

第7章

若い経営者たちへのメッセージ

政治家を支援する理由

政治が安定することによって産業は伸びる——。これがわたしの考えである。政治が不安定な国の経済は決して伸びていかない。わたしはそう思っている。だからこそ、政治と経済は一体不可分であるということを経済人がしっかり認識しなければならない。

そのためには、安定した政治を行う政治家を支援する輪を広げる必要がある。その場合、仮に1人で協力しようとすると、いろいろな誤解を招いてしまうし、限界もある。そこでわたしは同じ志を持つ有志を何人か集めて力を借りることにしている。それがわたしの政治家を支援する基本的な考えである。会合では、出席者全員に必ず発言の機会を与える。その意見を政治家は参考にして政治に反映していく。そういう連携が生まれることを意識した。

面識を得た経済人にわたしから声をかけ、わたし1人ではなく、みんなで知恵を出したり、時には政治家が政治活動をするための支援もしながら、経済人が政治家を育てる環境づくりに取り組む。ここでは決して個別の利害関係を作らない。みんなでその人を支援する立場になるからだ。中には利害を考えるような人もいたが、そういった人には辞めてもらった。

第5章でも大勢の政治家を支援してきたことを書いたが、支援する相手は全員が与党であったわけではない。わたしは野党の政治家にも協力してきたのである。しかし、一度もわたしは咎められたことはない。後ろ指を指されるようなことはしてこなかったからだ。政治家を囲む会を結成するときは、必ず政治結社の届出を出していた。だから、わたしが支援した政治家の身辺調査をしても疾《やま》しいことは何も出てこない。会計も明朗だ。

政治資金規正法が1948年（昭和23年）に制定されて以降、同法は何度も改正されてきたが、わたしたちの支援の仕方で未だかつて問題が起こったことはない。そういう支援の仕方であるから政治家の先生も安心できると思う。わたしが声をかけると、「神谷さんが力を貸すような人であるなら、わたしも協力させていただきます」と言ってくれる経済人が多いのだ。ありがたいことである。

わたしが竹下登さんや安倍晋太郎さんを支援しようと呼びかけたときは、大勢の人があっという間に集まってくれた。これは嬉しかった。

2014年（平成26年）12月の総選挙で圧勝を収めた安倍晋三首相とのつながりは、父の晋太郎さん以来のものである。知人に頼まれて晋太郎さんの応援を始めたのだが、すぐに数十人が集まった。晋太郎さんの人気もなかなかのものだった。1991年（平成3年）に晋太郎さんが亡くなって、その跡を継いだ安倍晋三さんを囲む会の発足をわたしがお手伝いした。3カ月に1回開く講演会の第1回目の講師にはお父上の安倍派を引き継いだ三塚派の会長で、運輸大臣（現国土交通大臣）、通産大臣（現経済産業大臣）などを歴任した三塚博さんに来てもらった。

三塚さんは講演の席でわたしにこう言った。「彼が親父の跡をしっかりつなぐから、神谷さん、ひとつ頼みます」。総務会長で同じ派閥に所属していた森さんも会に出席されて、「安倍を頼みます。彼の父にはわたしもお世話になりました」と言われた。晋太郎さんは後輩の政治家にこれほど慕われ、信頼されていたのだ。本当に親身になって人のために汗を流してきた政治人生だったのだ。そんなことを感じた。

実は晋太郎さんが亡くなる前、わたしは晋太郎さんの病室にお見舞いに行ったことがあった。晋太郎さんは病の身でありながら、見舞いに来たわたしの顔を見るなり、「何とか元気になるからね」と言っていたことを覚えている。しかしそのとき、本人も自らの命が長くないことを悟っていたのだろう。「倅《せがれ》を頼むよ」とも言っておられた。

東海大学創立者・松前重義氏から始まる野党議員との交流

野党で支援した政治家は日本社会党の書記長だった江田三郎さんと松前重義さんだ。民社党の委員長だった佐々木良作さんや公明党委員長だった矢野絢也さんも支援した政治家の１人だ。

１９７６年（昭和51年）、江田さんと松前さん、そして矢野さんや佐々木さんの４人が中心となって野党メンバーによる「新しい日本を考える会」を結成し、わたしはその会を経済人として側面支援した。経済人では、パイオニア社長だった松本誠也さんが加わってくれた。だが、数回の会を開いた後、メンバーで主導的立場の１人だった江田さんが亡くなったことがきっかけとなり、新しい日本を考える会は自然消滅していった。

参加する政治家は皆、野党。立場は誰もが一緒だった。この中で中心的な役割を果たしていたのは松前重義さん。松前さんとは、知人を介して知り合った。松前さんとわたしは非常に気が合って、わたしの長男の結婚式にも出席していただいた。松前さんは日ソ交流を深める運動にも取り組み、その一方で東海大学を創立するなど、大物の政治家として世間では言われていたが、わたしが付き合っていた限り、決して偉ぶる人ではなかった。

松前さんは政治家になる前、東北帝国大学（現東北大学）工学部電気工学科を卒業して通信関係の仕事に携わった。通信を掌握する逓信省（現総務省）工務局長にまで登り詰めたが、間もなく太平洋戦争に突入。東条首相の不興を買い、二等兵として召集され、松前さんは南方戦線に送られた。戦後、日本電信電話公社（現ＮＴＴ）の総裁に就任し、１９５２年（昭和27年）に衆議院議員に初当選すると、日本初のラジオＦＭ放送局「ＦＭ東海（現エフエム東京）」の設立に尽力した。これだけの偉業を成し遂げた松前さんとご縁を持てたことは大変貴重なことだと思う。

公明党とも今でも付き合いはある。矢野さんをはじめ、委員長を歴任した竹入義勝さんとは、よく話し合いを持った。今では代表の山口那津男さんや国土交通大臣を務める太田昭宏さんとも親しく議論ができる間柄だ。東京商工会議所でも、公明党の会合にはいつもわたしが出席していた。だから、公明党員の選挙演説などもよく頼まれてやった。なぜなら、公明党の応援演説をする経済人は少なかったからだ。

民社党では委員長を務めた塚本三郎さんをわたしは支援し続けた。中曽根さんが首相だったときも、２人のパイプ役を務めたこともある。経営者同士のつながりをつくることもそうだが、わたしは人と人を結びつけることが好きなのかもしれない。

塚本さんは名古屋が地盤で、選挙になると、いつもライバルが公明党だったので苦労していたように思う。公明党は名古屋では強かったのだ。

社会党は江田さんと松前さんとの付き合い以降、あまりつながりが深まった人はいなかった。女性初の衆議院議長となった土井たか子さんとは一度だけやりとりしたことがある。わたしが作った経済団体の懇談会に、野党の党首だった土井さんを講師として招いたときだ。とても良い話をしてくれたことを覚えている。テレビなどでは男勝りの雰囲気で歯に衣《きぬ》着せぬ発言をしていた頃だったが、本人に会ってみると予想とは違った。

講演の最後、質問はありませんかというので、わたしはそこで挙手。質問の内容は経済問題をあえて出さなかった。経済に対する基本観は互いに違うからである。わたしは第一声をこう上げた。

「あなたはものすごい色気《いろけ》がある」

わたしが土井さんにこう言うと、続けて言い放った。

「勢いのあるときは、女性には色気が出るものだ。これで今日は満足だ」

非常識な発言に聞こえたかもしれないが、土井さんは「ハッ、ハッ、ハッ」と笑って喜んでくれた。愛嬌のある素敵な女性だった。与党の政策に対しては常に反対の意思を表明する政治姿勢だ。そのときのやり取りで彼女の信念の強さを感じ取ることができた。

ある政治家を通じて知り合った一萬田尚登・元日銀総裁

安倍晋三政権は２０１４年（平成26年）11月、消費税を8％から10％に引き上げる時期を1年半先送りし、２０１７年（平成29年）４月に実施するという意思を表明。その是非を巡る議論が盛んだが、消費税増税への道筋を示した人が内閣官房長官や拉致問題担当大臣、財務大臣などを歴任してきた与謝野馨さんだった。与謝野さんは、中曽根さんの秘書を務めた中曽根門下生。その意味でも、私と同志であり、40年以上お付き合いしてきた。

いくら逆境でも、やるべきことをやろうとする信念の政治家、やるときはやる男。これがわたしの彼に対する印象だ。民主党政権のとき、当時の野田佳彦首相に道筋をつける増税の決断を迫ったのが与謝野さんだった。

しかも、与謝野さんは自民党を離党して、平沼赳夫さんや園田博之さんたちと共に、新党「たちあがれ日本」を結党したが、消費税増税の是非を巡って、たちあがれ日本をも離党して民主党政権に請われて参加。民主党では経済財政政策担当大臣に就任した。自民党を離党した際、自民党員からは誹謗中傷を受けた。それでも与謝野さんは消費税の増税は財政

一萬田尚登氏

再建、社会保障の持続、ひいては日本経済が安定して成長していくためには必要不可欠との信念を曲げなかった。

閣僚退任後、体調を崩して咽頭がんの修復手術を受けたが、若いときはゴルフなども度々ご一緒した。祖父母に歌人の与謝野鉄幹と晶子を持つ。鉄幹、晶子夫妻は共に情熱的で意志の強い歌人と言われたし、その血筋を与謝野さんも受け継いでいるのだと思う。与謝野さんは、日本の財政再建にそれこそ命をかけたのだと思う。

また、日本銀行総裁を務めた一萬田尚登《いちまだひさと》さんとの出会いも印象深い。ある政治家の紹介を得て、わたしが一萬田さんと付き合い始めたのは、昭和30年代のことである。一萬田さんが日銀総裁を退任した後、政治家に転じ、岸信介内閣で大蔵大臣（現財務大臣）に就任。その大蔵大臣を辞めた後の時期。一萬田さんも鶴の一声で周囲を動かすタイプの人だった。

一つの仕事をするとき、「それは間違いないな。頼んだぞ」といった口調で相手に念を押す。言い方が厳しい気もしたが、国の金融や財政の手綱捌《たづなさば》きをする仕事をやってきた人だから、当然と言えば当然、常にワキを締めて仕事をする人であった。

一萬田さんから田中角栄さんとのやり取りを聞いたことがある。わたしはそれを聞いて、とても衝撃を受けた。一萬田さんが大蔵大臣、田中さんが郵政大臣（現総務大臣）だった１９５７年（昭和32年）から１９５８年（昭和33年）の第１次岸改造内閣時代のことだ。

ある日、田中さんが郵政省の予算を取るために一萬田さんの執務室にやってきた。次官級は廊下に待たせている。「我々も一緒について行きましょうか」と事務次官などが田中さんに進言したが、田中さんは「いや、いらない。わたし一人でいい」と答えたという。そして田中さんが一萬田さんの部屋に１人で入るなり、「よろしく頼みます」と土下座をしたのだ。

一萬田さんは戦後すぐの日本が慢性的な資金不足にあって産業振興を図らなくてはならず、その資金配分が大事なときに金融の頂点に立つ日銀総裁として重きをなしてきた人物。日銀総裁を辞めた後も大変な存在感があり、「金のハンカチ」と呼ばれるほど、威厳を感じさせるリーダー。当時はその人が大蔵大臣を務め、財政に関する権限を持っていたのだ。一萬田さんが「国の金庫番」と言われる大蔵大臣の任に就いているわけだから、田中さんも心得ていたのだろう。

その田中さんの土下座に一萬田さんは驚いた。彼はわたしに、苦笑いしながらこう言った。「今までそんなことをされたことがない。相手は郵政大臣。郵政大臣が土下座したら、予算の折衝はそれで終わりだ」

田中さんは大蔵大臣室を出ると、待っていた事務次官たちに「おい、仕事は終わったよ」と超然と笑っていたそうだ。

田中さんは戦後の焼け跡の中で土建屋として苦労を重ねて来られたから、こういった芸当《げいとう》もできたのだと思う。もし人生のどん底を経験したことがなく、経歴やプライドの高い人であれば、とても土下座などできない。自分の手で自らの人生を切りひらいてきた田中さんだからこそ、一萬田さんの気持ちを汲み取っていたのだろう。

日銀のトップを務め、予算に関しては大きな力を発揮することができる大蔵大臣を務めていた一萬田さんも偉ぶることはなかった。人と人との関係、つながりを考えさせられる一場面である。

事業を継続させる秘訣

政治家との付き合いは、わたしの人生にとってかけがえのない「人」とのめぐり逢いにつながった。新しいことに挑戦するときや判断に迷うときに先人として、政治家の諸先輩がどのような行動を起こしたかが見本になるのだ。それは教科書などで学べるものではない。やはり現実の人間関係を通して分かってくるものだと思う。

ただ経営者としてのわたしは、19業種の事業に挑み、中には失敗した事業もある。会社を経営することや事業に挑戦して成功させるためには何が必要かは、政治家との付き合いからは学べない。まさに経験が物を言う世界ではないだろうか。事業を継続させるための秘訣は、わたしなりにいくつか思うところがある。

まず一つは業種によって構造不況があるということだ。終戦後、炭鉱と砂糖、繊維は花形産業とされ、右肩上がりで成長を続ける産業であった。しかし、１９６０年代の中頃になると、これらの産業は一気に下火となる。エネルギー革命で石炭は石油に取って代わられて需要は激減し、砂糖や繊維、糸などは発展途上国から安価な製品が輸入され始め、国内産は太刀打ちできなくなっていった。

だから、国内の石炭産業は構造不況に陥った。海外との比較で構造不況になると、これまで国内市場でやってきたといっても生き残ることは難しくなってくる。

そうした産業の有為転変の現実を参考にしながら、わたしは自分の経営の基本として、今手掛けている業種が立ち行かなくなっても、別の業種で会社を支えられるような経営構造を志すようにした。そうすると、雇用も守れるし、社員にも迷惑をかけることなく、得意先にも心配をかけずに済む。こういった考え方から、わたしは「異業種多角経営」を目指すようになったし、それをずっと実践してきた。この発想の原点は構造不況を自らの目で直接見て確かめてきたからだ。

１９５０年（昭和25年）頃の日本では「織機《おりき》でガチャンと織れば万の金が手に入る」といった意味合いから「ガチャマン景気」という言葉が出てくるほど、繊維業は利益が出た。だがその繊維製品も安い糸が海外から輸入されてきたために、もはや名経営者であっても凌ぐことができなくなったのだ。戦後の石炭産業もいっときは財政資金を引っ張って延命を図ってきたが、やはり生き残ることができなかった。時の流れは、ときに産業に厳しい試練を与える。

わたしが起業家としての人生を歩み始めたとき、最初に手掛けた分野が繊維だった。ただこのとき、これまでの繊維の歴史と栄枯盛衰を知っていたからこそ、わたしは繊維を中心に経営をしていながらも、次の事業の芽を探すことを怠らなかった。

そして次に手を付けた事業が電子部品だったのだ。繊維と電子部品では全くの異業種。それでも何とかやってくることができたのは、各分野に精通した人材が他社から当社に移って来てくれたりしたからだ。

自分が異業種の事業を手掛けるに際して、その専門家ではないということ。だから、全てを見ることなど到底できない。そうであるならば、新しい事業を任せる責任者が必要になる。その結果として、その人に全てを任せるしかないのだ。もちろん、任せる方にも事業に関わる全ての権限を渡すだけの覚悟が必要になる。

わたしが松久太四郎さんから商売の全てを任されて成長できたように、わたしも事業を任せたときは、その責任者に対して、あれこれ細かい口出しはしなかった。だから人材も育ってくれたのだ。もしこれが1業種の経営構造であったならば、オーナーは自らが作った会社に対して最後まで自分が命令権を持とうとするだろう。

わたしは1業種に特化する経営が悪いと言っているわけではない。また、ワンマン経営がうまくいかないと指摘しているわけでもない。ただ、経営者自らがいろいろな業種に挑戦することによって、部下に権限と地位をそれなりに与える。仕事を任された人は成長するし、また成長できるということを強調したいのだ。

過去の経営者でも異業種多角経営を進めた人物がいる。その1人が上野次郎男《うえのじろうお》さんだ。

上野さんは、戦前の名門企業、日本窒素肥料（現チッソ）の常務まで務めた立志伝中の人。日窒は戦前、海外に多くの工場など経営資産を持っていたが、敗戦でそれらを失った。戦後、焦土の日本に日窒の流れを汲む人たちがつくったのが積水化学工業。上野さんは、1951年（昭和26年）に積水化学工業社長に就任。上野さんはプラスチック成型事業を中心に事業を発展させた。その積水化学グループから積水ハウスが生まれ、ハウスメーカー最大手として上場もしている。他にも積水樹脂や積水化成品工業といった会社もある。

上野さんが異業種への進出を決断したことで、会社の経営を担う社員も育ってきたのだ。いろいろな業種に挑戦することによって人が育ち、次世代に受け継がれる。それが結果として社会にも貢献することにつながり、株主である自分も一定の富を得ることにもなるのだ。これはわたしが上野さんの生き方を見ながら学んできたことである。

中内切氏、伊藤雅俊氏、潮田健次郎氏、高原慶一朗氏に共通する「メモ書き」

昭和30年代後半から昭和40年代にかけて、時代はどんどん移り変わり、業界の垣根を超えた競争も激しくなってきていた。１業種の中でも競争に生き残ることが大変なのに、手掛けている事業の数は複数に上る。１人の経営トップが全ての事業の数字や状況を抑えられるはずがない。

だからこそ、事業ごとに全てを任せられる人材を育てようとしたのだが、人の育成がついてこなかった。任せるには任せたのだが、それに応える人材がいなかった。人材がいないのでわたしがやるしかない。その追いかけっこで、うまくいかずに撤退した事業がいくつかある。

そこがわたしの反省材料だ。「二兎を追う者は一兎をも得ず」という格言があるが、今の競争時代の中では、一兎を追う人は、とことんまで突き抜けたものを持たなければ勝ち抜くことができない。視野を広めることも大事だが、その一方で、自らの強みを磨き上げることも一つの生き方のように思える。それがこれからの経営者には必要ではないか。

1業種だけで競争に勝ち残ることができないのも事実。実際、どの業界であっても同業他社の買収が活発化している。同じ業種で互いに拡大を図っているのだ。一昔前までは、自分の会社を売るような雰囲気はなかった。やはり「会社を売る」ということは創業者にとっては恥ずかしいことであったからだ。ところが今は、人材を引き抜いたり、外国の企業を買収したり、自分で興した会社をあっという間に売却するようになった。

時代は変わったのだ。もしかしたら、今の世の中では、わたしの考え方は合わないかもしれない。ただ、がむしゃらに働き、人と裸の付き合いをして互いに切磋琢磨し、筋を通す生き方を貫いてきたつもりである。確かに自ら起業して成功した経営者たちは、みんな努力をしてきた。

ダイエーの中内㓛さん、イトーヨーカ堂の伊藤雅俊さん、トーヨーサッシ（現LIXILグループ）の潮田健次郎さん、ユニ・チャームの高原慶一朗さん。この偉人たちに共通するのは、必ずメモを取ることだ。誰と会っていてもしっかりとメモを取る。料理屋で食事をしていても、カバンからノートを取り出してはメモをとっていた。

「今日の話をメモして、家に帰って復習するんだよ。今日１日に会った人が言ったことを復習して吸収させてもらう。良いと思ったことは自分たちも実行しようと思い、明くる朝、担当専務を呼んで、これをやれと指示を出すんだ」

伊藤さんはそう言っていたそうだ。他の人たちも同じようなことを言っていたと思う。中内さんの場合は夜遅くまで飲んでしまうから、つい忘れてしまうためにメモをすると言っていた。彼らはそれぞれのやり方で、みんな努力家だった。

高原さんの執務室に行くと、必ずメモ帳が置いてある。自分が勉強した大事なことを部屋中に所狭しと貼っていた。その光景は圧巻だった。伊藤さんの場合は、潮田さんによると、自分の部屋に自社の商品を置いていた。この商品が良いのか悪いのか。衣料品から全部を部屋の中に置いて、自分で吟味していたのだ。伊藤さんは自分が扱う商品の全てに目を通していた。

松下電器産業（現パナソニック）創業者の松下幸之助さんも、人から聞いたことを復習し、それを踏まえた予習をしてから翌朝出勤して部下に全部を一気に伝達しておられた。朝礼で工場長が「今日は松下会長から指示が出た」と言って全社員にいっぺんに指示が伝わるような経営風土になっていたのだ。同じ情報を何万人という社員と共有されるのだ。情報や認識の共有という効用は計り知れない。

普通であれば回覧板や会議で済ませるものだ。しかしそれでは1週間、あるいは10日間、回覧板を見ない人もいるだろう。情報や認識を共有できるかどうかで企業の業績に差は出てくるものだ。幸之助さんが言っていたことは「自分が命令したことは翌日には全社員に通じる。これがうちの一番の特長です」ということ。だから、幸之助さんは朝礼を非常に大事にされていた。

松下電器では朝礼だけでなく、夕方にも社員を集めた夕礼《ゆうれい》を行っていた。海外の松下電器に行ったときも、日本の本社と同じように松下で働く社員たちが集まって朝礼をしていた。マレーシアやタイ、フィリピンの工場などだ。情報の共有化、それを徹底して実践していたのだ。

今ではパソコンやメールを使ったコミュニケーションをとるようになってきたが、「ヒザを交える」という言葉に象徴されるような人と人が直接対話し、言葉を交わすことがなくなった。人と人が顔を合わせて密度の濃いコミュニケーションをとることが大切。その意味で朝礼や夕礼も大事なのだが、朝礼や夕礼を実施している企業は減っていると思う。このことにわたしは多少なりとも不安を覚える。

心安かった小倉昌男氏と寺町博氏

わたしは人が集う場所には人一倍、顔を出すようにしている。人間関係を深めることができるからだ。特に東京商工会議所の議員になり、最も得をしたことは、著名な経営者と面識を持つことができたという点だ。現在の東商に入会している経営者は三代目がほとんど。わたしが親交を持った方々は、その人たちの祖父ということになろうか。

その一方で、若き起業家との接点を持つことができたのが「ANJ新経営者クラブ」だ。ここでは様々な経営者の人柄に触れる機会を得た。先ほどのユニ・チャームの高原さんやトステムの潮田さんともここで知り合った。その後、すかいらーくの茅野亮《たすく》さんやCSKの大川功さんも入会してきたのだが、入会に当たっては少々異論が出た。

というのも、当時はコンピュータサービスや外食という事業は産業として確固たる地位を築いていなかったので、一部では「傍流の仕事だ」と思われていたのだ。そのため、いつ倒産するか分からないというのだ。それでもわたしは「いいではないですか。そういった新しい事業を興した人にも入ってもらったら、こちらも刺激を受けるし面白いではないか」と周囲の説得に走った。

小倉昌男氏

反対していた人も最後は孤立したような状況になり、多数決で彼らの入会が決まった。その後、両社とも上場企業にまで成長したのは周知の通りだ。それからヤマト運輸（現ヤマトホールディングス）の〝中興の祖〟と呼ばれる小倉昌男さんとも親しくさせていただいた。小倉さんとは共通した話題でいつも盛り上がっていた。
小倉さんとわたしは似ていた。商工会議所の会議において、ユニークかつ独自の視点で発言をするのは、わたしと小倉さんだったからだ。小倉さんは専務時代にお父上を亡くし、その後を受け東商の議員になっていた。東京大学卒業の小倉さんは理知的な発言をする。学問的な見地や文化的な視点から独自の理論を展開するから、聞いていて大いに啓発されたし、とにかく面白かった。

世の中が広いようで狭いと思ったのは、わたしがアメリカの地方の町に出張で出かけたときだ。その街角でバッタリ小倉さんと出くわした。そのとき小倉さんは「宅急便」をアメリカでも展開しようと考えていたようで、社員３人を引き連れて渡米しておられたのだ。お互いに驚いたことが懐かしい光景として思い出される。

小倉さんと共に、わたしと仲が良かったのがＴＨＫ創業者の寺町博さん。寺町さんは１９５０年（昭和25年）に「大一工業」を設立、ベアリングの世界で独特の製品開発を進めるなど、知恵と工夫のある経営を展開してきた。その後、１部上場企業を２社設立した希有な経営者だ。大変ユニークな経営者として一時期、もてはやされたが、その分、様々な苦労をしたと思う。大一工業は後に「日本トムソン」と社名を変えて１９６３年（昭和38年）に東証２部に上場させた。

寺町博氏

ベアリングの製造会社をゼロから立ち上げ、スウェーデンのベアリングメーカーＳＫＦ社と４年間にわたった業務提携を実現させて大銀行が大株主に名を連ねる大企業へと成長させた経営手腕。これにはわたしも感服させられた。ただ、この頃から寺町さんは商品相場にはまり、商品相場の取引で多額の損失を出してしまい、経営権を手放さざるを得なくなった。当時の寺町さんは引き際も潔かった。

「神谷さん、わたしは会社を辞めることになった。でも新しいベアリングを開発するよ」

こう言った寺町さんが東邦精工（現ＴＨＫ）を設立したのが１９７１年（昭和46年）。５年も経たずに、その頃「困難」と言われていた機械の直線運動部のころがり化を実現させた商品化を成功させて、ＴＨＫは「直線運動用案内ユニット」で世界トップシェアの企業となった。１９８９年（平成元年）には2回目となる東証上場を実現させた。気骨のある経営者と言えば、寺町さんの名が思い浮かぶ。

その寺町さんが２０１２年（平成24年）に逝去。お別れの会でわたしが弔辞を述べさせてもらったが、同じ岐阜県出身の経営者として胸襟を開いて経営について語り合ったことを思い出しながら、わたしの思いを天国にいる寺町さんに伝えることができた。

同じ年齢で、現役で頑張りながら親交を深めているのは、ニフコ創業者の小笠原敏晶さん。小笠原さんは、プラスチック工業用ファスナーを日本に広め、ニフコを1部上場企業に育て上げた。他にも、英字新聞のジャパンタイムスや高級ベッドのシモンズなども傘下に収めるなど多才な経営者である。

小笠原さんは、わたしと同じ1931年（昭和6年）の生まれながら、英語も堪能で、米国の大学院へ留学、卒業もしている国際人。

現在は、香港を拠点に世界中を飛び回っており、電話での会話が中心であるが、お互いよき相談相手であり、胸襟を開いて、様々な話ができる貴重な友人の一人である。

ニフコは、神奈川県横須賀市の横須賀リサーチパークに研究所などの拠点を移しているが、わたしはそのお手伝いもさせていただいた。

女性を登用した「東京恵比寿ロータリークラブ」

四十数年間にわたって、わたしが精力的に活動してきたものがある。ロータリークラブだ。ロータリークラブは、1905年（明治38年）米国のシカゴで発足。それぞれが異なる職業の専門職者、経営者からなる世界初にして最大の奉仕団体である。現在では、世界200以上の国と地域に3万3000のクラブと120万人以上の会員がいる。ロータリークラブでは、長年女性の入会が認められていなかった。しかし、1987年（昭和62年）米国連邦最高裁判所で、ロータリークラブは女性であることを理由に、会員として拒否することはできないとの判決が下され、1989年（昭和64・平成元年）から正式に女性の入会が認められるようになっていた。

当初、わたしは「東京西ロータリークラブ」に所属していたのだが、西ロータリーでは「ロータリーは男のロマンだ」などという勢力もあり、女性の入会は認めていなかった。そこで、西ロータリークラブで恵比寿に新しいクラブをつくろうということになり、わたしが長年恵比寿に住んでいたこともあり、初代会長として新しいクラブ「東京恵比寿ロータリークラブ」を発足させた。1995年（平成7年）のことだ。

そこでわたしは、新しい時代に即した新しいクラブをつくるため、女性会員を積極的に受け入れようと考えた。当時から、わたしは、21世紀は女性の時代であると考えており、政治・経済・社会のあらゆる分野に活性化をもたらすには女性の活躍による女性の力が必要。まず、ロータリークラブが女性の活躍の模範を示そうと考えた。このときはパイオニアの松本誠也さんを誘った。

当時のパイオニアの本社は目黒。「徒歩でも通える距離でしょうから、是非ともメンバーに入って欲しい」と頼むと、当時の松本さんは別のクラブに入っていたにも関わらず、快く移ってくれた。

現在の東京恵比寿ロータリークラブの会員は約１１０人。そのうち半分が女性だ。日本全国のロータリークラブの会員は約９万人いるが、そのうち女性は４％にしか過ぎない。会員数が１００名を超える規模で、女性が半分を占めるロータリークラブ、しかも会長は男女が交互に務めるクラブは、世界中を見回しても、ここしかないのではないだろうか。女優の司葉子さんや松島トモ子さんをはじめ、渡辺プロダクショングループ代表の渡邊美佐さん、元タレントで自民党参議院議員の山東昭子さんなど、錚々たる女性がメンバーに名を連ねている。

安倍首相が女性活用を成長戦略の一つに掲げているが、わたしも20年前から女性が経済界で、もっと活躍できる土壌が必要だと考えていた。しかも、ロータリークラブのように社会への奉仕活動をするような組織であれば、奉仕に対して熱心な女性が不可欠だ。実際、東京恵比寿ロータリークラブでも女性が旗を振って積極的な奉仕活動に取り組んでいる。

その奉仕活動の中身も多彩だ。寄付金などはもちろんのこと、薬物禁止キャンペーンでは渋谷駅の街頭にのぼりを立てて、若者に対して麻薬などの薬物の危険性を訴え、その撲滅に向けた運動を展開している。母でもある女性会員は親身になって社会的活動をしてくれるのだ。

それから教育という観点でも、高校生に企業経営に絡む授業を開いたり、全国のロータリークラブとして海外への留学生支援や外国人留学生のホームステイにも尽力している。女性経営者が自らの体験談を交えながら若い女の子たちに起業意識を植え付けることにも寄与していると思う。女性ならではの視点で、キャリアアップに向けたアドバイスもできるからだ。

ほかにも東京恵比寿ロータリークラブでは「15歳のハローワーク」という名で、東京女学館に在籍する中学3年生を対象とし、ロータリークラブに所属する人たちが、自分たちの職種に就くためには、どんな勉強をすればいいかといったことを教える催しも開催している。弁護士、医者、客室乗務員、通訳といった様々な職種の人たちがいて交流することで、自分を磨き、互いに啓発し合う。会員のみなさん全員が生き生きとされているのは嬉しい。

こういった新しい取り組みができるようになったのも、女性会員が増えたからに他ならない。社会に育てられたのだから社会に還元するという思い。それがわたしがロータリークラブで精力的に活動する背景になっている。東京恵比寿ロータリークラブ10周年の際には、わたしが実行委員長となった。記念事業として、桜井よし子さんにコーディネーターをお願いし、エイズのシンポジウムを開催した。これはＮＨＫのニュースでも放映された。また、渋谷区の協力の下、司葉子さんにお骨折りいただき、照明デザイナーの石井幹子さんとコラボして、恵比寿にあるアメリカ橋の改修を行った。わたしが地区の役員を務めた際には、女性の活躍を後押し、ロータリーに参加する女性を増やすことを目的として、「輝く女性の集い」を開催した。総合司会を松島トモ子さんにお願いし、ファッションデザイナーの森英恵さんの基調講演、寺田千代乃さん（アートコーポレーション　社長）、渡辺ミキさん（ワタナベエンターテインメント　社長）、松原亘子さん（元労働省事務次官）、高市早苗さん（元男女共同参画担当大臣）、石井幹子さん、ロータリー代表で司葉子さんによるパネルディスカッションを開催した。コーディネーターには、キャスターの草野満代さんにお願いした。日本全国から６００名を超える女性ロータリアン、女性経営者が集まった。

「東京岐阜県人会」でふるさと・岐阜の活性化

わたしの生まれ故郷である岐阜。わたしを育ててくれたふるさとに対しても、恩返しの意味も含めて活性化のお手伝いをしようと始めたのが「東京岐阜県人会」だ。岐阜は飛騨の豊かな森とそれを源とする清き水の流れる豊かな美濃からなる清流の国。そんな岐阜から国内、あるいはグローバルに活躍する経済人が数多く生まれた。わたしも若い時からＴＨＫの寺町さんとともに、理事として県人会の活動に参加し、同郷の先輩たちの薫陶を受けていた。

県人会の活性化に取り組むきっかけを与えてくれたのが、元岐阜県知事の梶原拓さん。１９８９年（平成元年）に梶原さんが知事に当選したタイミングで、わたしが県人会の幹事長、後に会長として活性化のお手伝いをすることになった。

梶原さんは、建設省のご出身で、非常に積極的な県政を行い、岐阜県の活性化に尽力。全国知事会の会長も務めるなど、その手腕は高く評価されていた。最後は、裏金問題に巻き込まれ、非常に残念なことになった。現職の古田肇県知事とも、経済産業省時代から旧知の間柄。総理秘書官を務めるなど、非常に有能な人物。ある時、梶原知事と古田さん、そして私とが相談し、中央省庁に勤める岐阜県出身者の懇談会を開催することにした。中央省庁は、同じ役所内の情報には精通しているが、他の役所になると岐阜県出身者でどういう人がいるかなど全然わからない。そこで、省庁の枠を超えて、故郷談議に花を咲かせる会を企画し、開催したりした。梶原さんから、自分の後任は古田さんにお願いしたいとの意向をお聞きした際にはもろ手を挙げて賛成した。

県人会のメンバーは非常にユニークだ。わたしが会長を務めた後、元日本ＩＢＭ社長、会長の椎名武雄さんがその跡を継いだ。その後、元三井住友カード社長の加藤重義さん、元ＮＴＴドコモ社長でＪＡＸＡ（宇宙航空研究開発機構）理事長を歴任した立川敬二さん、元総務省事務次官の松田隆利さんなどが会長の任に当たり、２０１４年（平成26年）12月現在は、慶應義塾大学医学部教授で第二次安倍内閣において少子化対策・子育て支援を担当する内閣官房参与の吉村泰典さんが会長を務めている。

経営者から国家公務員、さらには大学教授まで、日本の中央部である岐阜から各界で活躍する人材が巣立っているのだ。他にもメンバーには大和証券グループ本社社長の日比野隆司さんや三菱東京UFJ銀行の頭取の平野信行さん、みずほ銀行頭取の林信秀さんも岐阜の出身だ。岐阜県人会は日本でも有数の経営者揃いの会ではなかろうか。会員数は約2000人で、毎年行われる総会には700~800人が集まる。

最近では、2014年（平成26年）にプロ野球創立80周年を迎えたが、日本野球機構（NPB）コミッショナーには岐阜県下呂市出身の熊崎勝彦さんが就任し、そのお祝いの会を開いた。現岐阜県知事の古田《ふるた》肇《はじめ》さんをはじめ、前出した歴代会長や役員の有志が集まった。

当日、熊崎さんには岐阜県養老郡出身で、ミズノ養老工場に勤め、ニューヨークヤンキースのイチロー選手や松井秀喜さんや落合博満さんのバットを手掛けた〝バットづくりの名人〟である久保田五十一《いそかず》さん特製のバットが贈られた。1902年（明治35年）に創設され、110年以上の歴史を有する東京岐阜県人会も新しい歴史を刻み続けていることに喜びを感じる次第だ。

幼少期を岐阜で過ごし、小学校時代には新聞配達をしながら自らの小遣いを稼いだ。古物商、雑貨商を営む祖父の下で商売を学び、岐阜の地元産業である繊維業で成長することができた。故郷・岐阜を抜きにして、わたしの人生を語ることはできない。

だからこそ、岐阜の発展に少しでもお手伝いできることがあればと、岐阜県人会でも精力的に活動してきた。職業、年齢も異なるメンバーだが、清流のような心と心の触れ合いで、顔を合わせる度に、ふるさと談義に盛り上がる。これがわたしの一番の楽しみだ。

行動し、挑戦し続ける気概を

これまで記してきた通り、わたしは日頃から、まず行動することを心掛けてきた。「生産性とは行動である」。これがわたしの考えだ。生産性は決して知識だけでは上がらない。頭の中でいろいろな仮定をして結果を予測できたとしても、それを行動に移さなければ本当の意味での結果、成果はついてこない。これはつまり生産性ゼロということだ。

それに対し、仕事に対する知識が少々劣っていても、気持ちを持って行動すれば自ずと結果は出てくるもの。このように考えると、わたしは経済人は行動することが重要だと思う。仕事では知識も大切だが、まず実行する、やり抜く、そういった強い意志こそが何よりも大切であり、行動に結びつくものではないだろうか。

わたしが今日までに成長させていただいてきているのは、やはり〝人〟に恵まれたからだ。その人を惹きつけることができたのも、行動してきたからだと思うのだ。今はインターネットがこれだけ普及し、いつでもどこでも誰でも情報を手に入れることができる時代になった。だからこそ、知識はいくらでも手に入れることができる。しかし、わたしは行動力がついてきていないことに不安を感じている。

批判ばかりが多くなり、自分では決して汗をかくようなことはしない。そんな世の中になっている気がするのだ。それは会社でも同じだ。経営者もリスクをとってチャレンジする気概がなくなっているのではなかろうか。

わたしが19業種に挑戦したときは失敗もあったが、とにかくやるときはやる。まずは行動を最優先してやってきた。そして、言ったことは必ず守る。人様に迷惑をかけるようなことはしない。これを肝に銘じて経営に当たってきた。

わたしの半世紀以上に及ぶ経営者人生を経験して若い人たちに伝えたいことは、人は仕事で自分自身が磨かれるということ。仕事の評価がその人の評価となり、仕事によって人は磨かれる。絶えず自分の仕事について、このやり方でよいのか、もっと違ったやり方はないのか、さらに良くなる方法はないのか、そういったことを常に考えて新しいアイデアを出して取り組んでいく。頭を使えば使うほど、人は成長していくのだ。

人間は身体でも頭でも、使わなければ磨かれない。同じことを繰り返しているだけであったら、それ以上は成長しないのである。眠っている自分の潜在能力を発揮するためにも、身体も頭もフルに活用することが大事なことなのだ。

奇しくも２０１５年（平成27年）１月26日で、わたしは84歳になった。いかに抵抗が強くとも、それに屈せず弾力的に雄々《おお》しく進む。２０１５年は「乙羊《きのとひつじ》」の年で、「乙」にはこのような意味を持つ。羊という動物は温和な生き物だが、芯の強さを備えている。どれほど厳しい困難が待ち受けているとしても、わたしはそれを跳ね返して克服していきたいと考えている。

長期政権への足場を固めた安倍首相は経済再生を確かなものにするために意気込みを持って選挙に打って出た。「失われた20年」を取り戻して日本の景気を何としても良い方向に持って行く、世界の国々をリードする国にしていく、という意欲を強く持たれている。経済を良くしていくことが国の活力を高めることになるのは、どの国の歴史を見ても明らか。だからこそ、われわれ経済人もそのことを肝に銘じて挑戦する経営を続けていかねばならない。

どんなに苦しくても、わたしは「とにかくやらなければならない」という気持ちで生きてきた。だから、自分で苦労したと感じたことはない。本当に自分が苦労したと思うときは、自分がそういう悩みに打ち勝てなかったことを意味する。会社が明日にでも倒産しそうなときでも、悩んでしまったらその時点で敗北者。むしろ、そのような悩みを抱いているからこそ、まだまだ前進していける挑戦者なのである。そう考えれば、大きな希望と自信や行動が解決する努力につながっていく。わたしはそう信じている。それが人間として大切なのではないだろうか。

あとがき

拙著の推敲に際し、改めて自分の人生を振り返ってみた。65年間、本当に長い間仕事をしてきた。いろいろな事柄を書かせていただいたが、わたしの人生の中のほんの一部に過ぎない。しかし、印象的なことは大体書かせていただいたのでは、と思っている。わたしは、特別なこと、ほめられることをしたわけではない。ただ、長く仕事をしている分だけ、人様よりも数多く、何かをしてきただけのことだと思っている。

記憶を呼び起こすために、古い写真をひっくり返したりもした。嬉しいこと、悲しいこと、楽しいこと、苦しいこと、本当に人生は喜怒哀楽の繰り返しだ。今では80歳を超えている人たちも、いずれも若々しく、夢と希望にあふれた顔で写っている。ひょっとすると東南アジアの若い経営者も、今はこんな顔をしているのかな、と思ったりもした。対して、日本の若い経営者はどうであろうか。

本当に多くの方々と交流させていただいた。わたしのしてきたことが、これらの人々にどのように受け入れられたのか、どのように感じられたのかは、また本当に正しかったのか、結局自分にはわからずに終わっていくことだろう。ただ、わたしはいずれの時も、全力投球してきた。だから、後悔はない。が、一生懸命のあまり、仮に悪感情を与えたり、不快な思いをさせたりした方がいたとしたら、衷心よりお詫び申し上げたい。

書中にて、多くの方の実名を記させていただいているが、非礼がありました際には、平にご容赦願いたい。また、自分のことが書かれていない、と思われた際にも、全ての方について少しでも触れたいとの思いはあるが、何卒ご容赦のほど、お願い申し上げる。

今日まで、わたしを支えてくださった皆様、お取引先の皆様、弊社の社員・役員、ご迷惑をお掛けしたこともあるかもしれないが、改めてこの場をお借りして感謝申し上げる。

そして、今回、自分の人生を改めて振り返り、またそれを活字にする機会を与えて下さった財界の村田主幹、そして出版にご尽力いただいた財界の皆さんには、心より感謝を申し上げたい。

現在は、大部分の仕事を2人の息子たちに譲っている身ではあるが、元気なうちは社会の役に少しでも立てるよう頑張りたいと思っている、そして、チャンスがあれば、まだまだ新しいことにも挑戦していきたい。

最後に、拙著をお読みになり、神谷とはこんなことをやってきて、こんな人間だったのかを知っていただき、少しでも参考にしていただければ、こんなに嬉しいことはありません。気に入らない部分は、どうぞ遠慮なく切り捨ててください。

拙著をお読みいただいた方、皆様に心より感謝申し上げます。

平成27年春

神谷　一雄

【著者の紹介】
かみや・かずお　昭和６年（1931年）１月26日生まれ。岐阜県出身。昭和28年１月松久株式会社設立、代表取締役社長に就任。昭和36年８月マキー・エンジニアリング株式会社設立、代表取締役社長に就任。平成10年９月財団法人みやぎ霊園（現公益財団法人アタラクシア）理事長就任。以降、そのほか数社を設立。電子機器・自動省力化機器製造、卸売市場開設・運営、不動産開発、公園墓地および墓石販売など異業種による多角化をすすめ、企業グループを形成し代表として現在に至る。
昭和42年11月東京商工会議所議員に初当選、以後議員として各役員を歴任。平成９年11月日本商工会議所、東京商工会議所特別顧問に就任。東京恵比寿ロータリークラブ創立会長。国際ロータリー第2750地区ガバナー補佐（2000－2001年度）。現在、東京商工会議所常議員、東京商工会議所特別顧問、東京商工連盟 顧問（前会長）、東京岐阜県人会理事名誉顧問（元会長）、公益財団法人アタラクシア理事長。その他、中曽根康弘元首相の政治団体『山王経済研究会』の代表世話人を務める。

人生 意気に感ず！

2015 年 5 月 15 日　第 1 版第 1 刷発行

著者　神谷一雄

発行者　村田博文

発行所　株式会社財界研究所

［住所］〒 100-0014　東京都千代田区永田町 2-14-3
東急不動産赤坂ビル 11 階
［電話］03-3581-6771
［ファックス］03-3581-6777
［URL］http://www.zaikai.jp/

印刷・製本　凸版印刷株式会社

ISBN 978-4-87932-105-3
定価はカバーに印刷してあります。